JN289062

シリーズ国際関係論●1

国際社会の秩序

篠田英朗——[著]

東京大学出版会

BUILDING ORDER IN INTERNATIONAL SOCIETY
Hideaki SHINODA
(The Library of International Relations 1;
Takashi INOGUCHI—Series Editor)
University of Tokyo Press, 2007
ISBN978-4-13-034251-3

シリーズ刊行にあたって

現代世界では、ヒト・モノ・カネ・コトバが国境を越えて急速に行き交い、しばしば一国で起こった出来事が他の国の人びとの暮らしに少なからぬ影響を与えている。この世界で未来を切り拓いていくには、われわれは国際情勢を的確に把握しなければならず、そのためには首尾一貫した分析枠組みが必要である。それを世に問うことは、国際関係論のもっとも重要な仕事に他ならない。

現実を見れば、貧困や難民、環境、人権などの問題について世界的に一定の協力の機運が育まれる一方で、旧ユーゴスラビアやソマリアやダルフールでのいわゆる民族紛争や、二〇〇一年九月一一日の米国同時多発テロ事件に象徴されるテロリズム、九・一一後のアフガニスタンやイラクで引き続く戦闘、北朝鮮核問題をはじめとした大量破壊兵器をめぐる国家間の攻防のように、戦争や紛争は後を絶たず、地球規模の経済競争も激化していると言われる。国際社会の秩序はいかにして成り立っているのか、いかに戦争を防止して平和や安全保障を達成するのか、国際関係において政治（力）と経済（利益）はどのような関係にあるのか、国家はいかなる原理に基づいて対外的に行動するのかといった問いが、国際関係論の基本テーマを構成してきたゆえんである。

「シリーズ国際関係論」は、国際関係論の成果を総合することによって、これらの古くて新しい課題に挑戦するものである。具体的には、第1巻（篠田英朗）は歴史と思想を重視した国際社会論を、第2巻（鈴木基史）は理論的・実証的な平和・安全保障論を、第3巻（飯田敬輔）は同じく理論的・実証的な国際政治経済論を、第4巻（須藤季夫）は外交研究や対外政策決定分析を超えてより包括的な対外行動論を、そして第5巻（猪口孝）は二〇世紀および日本を軸にした国際関係論の系譜論を、それぞれ展開している。歴史を踏まえつつ実践の変化を見据えて国際関係論の創造的発展を模索する本シリーズは、現代世界を読み解くための最適なガイドとなるであろう。

本シリーズでは、体系的な構成、平易・明快な記述、豊富な事例紹介など、親しみやすさを心がけるとともに、現実との緊張関係を強く意識した。したがって、NGO関係者、ジャーナリスト、ビジネスマン、官僚や政治家、一般の読者が確かな視座を養われること、また大学・大学院の講義やゼミ・演習で活用されることを、大いに期待している。もちろん高度な内容や独自の見解も盛り込んでいるから、研究者にとっても読み応えがあるはずである。

本シリーズが、国際関係論の世界の奥深くへと読者を誘い、日本の国際関係論の研究・教育の進展に大きく貢献することを願ってやまない。

二〇〇七年八月

編者　猪口　孝

はじめに

国際社会は、どのように成り立っているのだろうか。この問いに答えることが、本書の目的である。そのために本書が解明しようとするのは、国際社会を成り立たせている秩序である。国際社会で何が起こっているのかを知り、国際社会でどのように生きていくかを考えるためには、われわれは国際社会がどのような秩序を持っているのかを知らなければならない。国際秩序を成り立たせている価値規範を理解することなくしては、国際社会で望ましい生き方を模索していくこともできない。そもそも国際社会とは、写真に撮って見てみたり、近づいて触ってみたりすることが、できないものである。したがって国際社会について考えるためには、国際社会が何なのかを認識し、頭の中でその姿を思い描いてみなければならない。そのためには、国際社会が持つ秩序について知ることが必要となる。秩序の総体を知って初めて、国際社会という存在に関する具体的なイメージを持つことができるからである。

このように言うことは、国際社会がいつも完璧に秩序づけられていると言うことと同じではない。秩序からの逸脱は、常にあらゆる場所で起こりうるし、実際に頻繁に繰り返されている。そもそも国際社会では、秩序などという視点では捉えきれない出来事が無数に連なっているのではないか、との疑問もあるだろう。国際社会における秩序とは、しかしそのような疑問によって、無視されてしまうべき問題ではない。われわれの国際秩序の理解は、むしろ逸脱や例外を、逸脱や例外として理解するために、必要なのだと言える。秩序とは、国際社会の原則的な姿を表現するものであり、それ以上のものでもそれ以下のものでもない。

国際社会という実際に目で見たり手で触ったりすることのできないものの秩序は、やはり感覚器官を使って確かめることができないものである。国際社会の秩序とは、たとえば教室で生徒が黙って一列に並んでいるような場合の秩序と同じ意味での秩序ではない。国際秩序は、もっと抽象的なものである。それは国際社会に何らかの原則があることによって生まれる。国際秩序は、国際社会の信奉する原則を基準にして、認められる。原則にしたがった状態が秩序づけられた状態であり、原則から外れた状態が秩序から逸脱した状態である。国際秩序の探求とは、まずもって国際社会を構成する原則あるいは価値規範の探求から始められなければならないのである。

秩序を構成するのは、社会が全体として信奉している原則である。たとえば殺人は罪であり認めることができないという原則を持つ社会では、殺人を犯罪として処罰対象とすることによって秩序が維持される。実際に殺人が起こるか起こらないか、起こるとすればどれくらい起こるかは、もちろん重大な問題である。しかし実は社会秩序を考える際にまずもってわれわれが知っていなければならないのは、たとえば殺人を犯罪とするような価値規範であり、そのような価値規範にしたがって社会秩序が構成されているという事実である。

殺人が許されている社会では、殺人は秩序を撹乱する行為ではない。果たしてそのような社会がありうるか疑問に思えるかもしれないが、たとえば現代世界で死刑制度を合法化している国家が多く存在しているのは、何らかの形態の殺人ならば認めてもよいという価値観があるからにほかならない。あらゆる形態の殺人を認めることができないのであれば、死刑制度は廃止されなければならない。だが実際にそうしているのは、一部の諸国だけである。日本を含む多くの諸国では、ある一定の要件を満たす殺人は認められるが、そうでなければ認められない、という価値規範が保たれている。

同様に、たとえば国際社会において戦争は基本的には許されておらず、戦争を行うことは国際社会の秩序を撹乱する行為だと考えられている。しかし実際には、一定の要件を満たせば、戦争は許されるものになる。あらゆる戦争が許せないのであれば、われわれは絶対平和主義者となる。しかし今日の国際社会は、許される戦争と許されない戦争を区分する価値規範を前提として、成立している。

本書が国際社会に生きる人々が織り成す価値規範に焦点をあてるのは、国際社会における秩序の探究には、中心的な価値規範を明らかにする作業が不可欠だと考えるからである。国際社会が全体として信奉する価値規範を知ることによって、国際社会が維持しようとする秩序の姿を描き出せるようになるというのが、本書の立場である。

このような問題意識にしたがって、本書は国際社会の支柱となっている幾つかの価値規範の体系を各章で取り上げ、それらの歴史的背景や現代的特質について検討を試みる。各章の主題となっているのは、国際社会において多くの人々が信奉し、しかも現代において重要な秩序構成原理となっている価値規範の体系である。もちろんそれらは決して網羅的に国際社会の姿を描き出すものではなく、それらを並べることによって国際社会の全てが理解できるわけではない。しかし本書が扱う価値規範を知ることは、国際社会の中核的な姿を理解するための一助とはなるはずである。国際社会には秩序構成原理となっている価値規範があるということを示せるならば、とりあえず本書の目的は一応達成されたことになる。

国際社会とは何か、という第1章における基本的な問いから、本書の議論は始まる。次に本書は、第2章で、ヨーロッパから生まれた国際社会を特徴づける国家主権の原則に焦点をあて、その歴史的な背景と現代的様相を分析する。第3章は、主権と並んで、現代の国際社会が国家の属性として与えている国民という概念について、その歴史的出自と現代的姿を探る。第4章は、諸国家を統合する動きとしての国際組織を取り上げ、これまでに見られた多様な国際組織の形態について論じ、さらに現代のグローバル化の時代における国際組織の意義について検討していく。第5章は、国際社会の主要な関心である安全保障の領域をとりあげて、安全保障上の配慮が国際社会の性質に影響を与えていることを確認する。第6章は、現代では事実上の一大政治原則となっている民主主義の観点から、現代国際社会の価値規範構造の特質を探っていく。第7章は、普遍的な立憲主義の基盤となる人権規範の広がりに着目し、現代国際社会の人間中心的な価値規範の現状について議論する。第8章は、平和という常に国際社会の重大関心事であった価値規範を、二一世紀の実情をふまえて、分析していく。「おわりに」では、本書全体の議論のまとめを行う。

シリーズ国際関係論1　国際社会の秩序

目次

第1章 国際社会という問題

国際社会は、一つの社会であり、すなわち何らかの共通性を持つ生活を送る人々の集団である。今日では、一つの世界大の国際社会があると言うことは可能であり、通常われわれが「国際社会」として言及しているのは、その世界大の国際社会のことである。しかしその国際社会だけが、唯一絶対の国際社会ではない。それは、様々な他の過去の国際社会の影響を受けて成立したものであり、内部に存在する他の形態の国際社会と並存している国際社会である。また一つの普遍的な国際社会が成立しているからといって、その国際社会の外部に存在する領域がなくなってしまったわけでもない。国際社会の秩序を考えるためには、われわれが問題にしているその国際社会がどのような特質を持っているのかに、十分な注意を払っていかなければならない。

1—国際社会とは何か

われわれはしばしば「国際」関係の全体を、**「国際社会**（international society）」あるいは「国際共同体（international community）」などと呼ぶ。各国の政治家や官僚、さらには国際組織や非政府組織（NGO）の職員は、「国際社会」や「国際共同体」という集合体に、日常的に言及している。他の一般の人々も、「国際社会」という集合体があることを、やはり当然と考えているのではないだろうか。

しかし「国際社会」の存在は、実はそれほど実感のあるものではないだろう。われわれは今日、世界のほとんど全てを範囲にする社会として、「国際社会」に言及する。しかしそのような広範な社会の存在を、われわれが日常生活の中で自然に実感することはあまりない。人々は国内のニュース、あるいは自分が居住する地方のニュースをより身近なものと感じ、自分の社会の事柄として捉える。海外のニュースに接する機会があったとしても、それはあくまでも離れた地域の出来事であり、自らの属する社会の出来事であると実感する度合いは少ない。

また「国際社会」を学問的な考察の対象として考える場合でも、そのイメージが曖昧なものであることには変わりがない。たとえば「日本社会」や「アメリカ社会」などの研究と比べて、これまで「国際社会」の研究がよくなされてきたとは言えない。その理由は、「国際社会」の中身が、必ずしも明らかではなかったことにある。そもそも国際社会など存在していないと考える者さえいる。果たして「国際社会」とは何なのかが、まずもって問題になるわけなのである。

われわれは通常、国境を越えて成立する存在や運動を、国際的なものと呼ぶ。また社会とは、共通性を持つ生活を営む人間の集団を指す。このように考えると、国際社会とは、国境を越えて何らかの共通性を持つ生活を営む人間の集団だということになる。ただし今日ではわれわれは、国際社会を、単に幾つかの国境を越えるだけではなく、世界のほとんどを含みこむ範囲で広がるものとして理解している。したがってわれわれが通常、現代国際社会として意味しているのは、世界大の広さで共通性を持つ生活を営む人間の集団のことである。

たとえば日本人やアメリカ人は、それぞれの国境の中である種の共同生活を営んでいるが、国際社会の構成員は、国家の国境とは別の何かを共有して一つの社会を形成する。もちろん単一国家を媒介とせずに成立する社会は、決して珍しいものではない。複数の民族集団からなる多くの国家は、内部に複数の社会を抱えている。たとえば一般に中央集権の度合いが高いと考えられているイギリス（連合王国）においても、スコットランド、ウェールズ、北アイルランドは、独自の伝統文化を保持し、イングランドとは別個の社会を構成している。それらは、中央集権権力に裏付けられたイギリス全体の社会と、並存している。同じような事情は、ヨーロッパ地域全体にも、あてはまる。欧州連合（European Union : EU）は国家ではないが、加盟国の人々に共通の制度的枠組みを与えている。その背景には、一つの文明の歴史を共有するヨーロッパ全体の社会がある。国家内社会、国家社会、超国家社会は、排他的な関係にはなく、並存しうるものなのである。

人々の社会的共同性は、多くの場合、目に見えない生活文化や習慣などによって生まれる。われわれがイスラム社会と呼ぶ広大な超国家社会は、イスラム教（文化）の共有によって識別される。それは近代国家の枠組みに縛られるものではなく、幾つかの国家の中で部分的に存在していると同時に、複数の国家にまたがっている社会である。社会は、国家と全く無関係ではないにせよ、国家とは別個に存立しうるものなのである。

現在の国際社会における構成員の間の結合は、単一の国家、宗教、民族などを紐帯としている社会と比べれば、弱いと言わざるを得ないだろう。しかしそれにもかかわらず、国際社会全体でほぼ普遍的に適用される価値・原則・制度は、存在する。たとえば**国家主権**（state sovereignty）の原則（本書第2章参照）が、その顕著な例である。幾つかの非政府組織は今日の国際社会の有力な構成員であると考えられるが、**主権国家**（sovereign state）という制度それ自体を認めないような組織は、国際社会から逸脱しているとみなされるだろう。たとえばテロリスト組織のように国家主権原則それ自体を無視する、いわば非社会的な集団は、国際社会全体の敵として扱われる。テロ組織が国際社会から排除されるのは、国家ではないからではなく、国際社会の価値規範が、その組織の活動を受け入れないからである。

もちろん、国家主権が国際社会の支柱をなす原則の一つだとしても、国際社会から主権国家以外の組織・人々を排除すべきだということにはならない。主権国家制度を認めるということと、主権国家以外は国際社会に参加できないということとは、異なる。原則としての国家主権は国際社会の支柱だが、国家以外の行為者が国際社会に参加したからといって、国際社会が消滅してしまうわけではない。国際連合やEUまたは世界銀行などの国際組織、あるいは赤十字国際委員会やアムネスティ・インターナショナルのようなNGOが国際社会の行為主体だと考えることは、むしろ現実にそった常識的な国際社会の理解だと言えるはずである。国内社会においても、諸個人が主要な社会の構成員であるからといって、諸々の集団が社会から排除されるわけではない。企業、組合、学校、宗教団体などは、個人＝自然人と同じ権利を有するわけではないが、国内社会において無視できない役割を持っている。同じように、国際的に活動する国際組織やNGO、あるいは企業などは、主権国家と同じ権利を持っているわけではないが、国際社会において無視できない役割を持っているのである。だがそのことと、国家主権が国際社会の構成原則になっているということとは、全く次元の異なる問題である。同じNGOと呼びうる組織であっても、国家主権原則を尊重する組織と、破壊しようとする組織では、国際社会との関係は全く違うのである。

国家主権などの国際社会の重要な構成原則について確認するためには、**国連憲章**の目的・原則を見るのが、とりあえず有益だろう。憲章第一条で定められている「平和および安全の維持」、「人民の同権および自決」、「人権および基本的自由の尊重」、また第二条で定められている「加盟国の主権平等」、「武力不行使（領土保全と政治的独立）」、「内政不干渉」などの諸原則は、国連だけではなく、国際社会そのものの構成原理になっていると言える。そして本書の各章が扱う価値規範の体系も、これらの諸原則と密接に結びついたものである。

国際社会は、他のあらゆる社会と同じように、自らの生存を第一義的な目的としており、それは国際レベルでは、平和と安全の維持という価値規範で表現される。そのためには武力行使は、できる限り回避されなければならない。もちろん社会全体の生存は、構成員の生存と切り離すことのできない関係にある。そこで個別の政治共同体を形成する人民の権利や、国家の主権・平等・独立などが、国際社会の重要原則となる。また同じように諸個人の権利も、国際社会の尊重する価値規範となる。現代の国際社会は、個々の人間の存在を無視しえないからである。国際社会が、集団虐殺や深刻な飢餓といった危機に瀕している者たちを守るために少なくとも努力すべきであることは、現代では当然のこととみなされている。国連安全保障理事会によれば、「国際の平和と安全に対する脅威」（国連憲章第三九条）は、人道的危機のような非軍事的分野での不安定によっても引き起こされるのである（United Nations 1992）。

国際人権法の分野では、「生命の権利」、「拷問の禁止」、「奴隷の禁止」などが、一九六六年「自由権規約」、一九五〇年「欧州人権条約」、一九六九年「米州人権条約」によって、緊急事態でも破ってはならない規範とされており、国際社会が極めて高く尊重する価値規範を表現している（寺谷 二〇〇二）。これらのうち特に奴隷の禁止などは、今日の国際法では、いかなる場合でも逸脱が許されない**強行規範**（ユス・コーゲンス）の一例だと認められている（小川 一九八五）。また国際人道法の分野における「侵略の罪」、「人道に対する罪」、「戦争法規慣例の重大違反」、さらに「ジェノサイド罪」などは、国家元首でも免責されない罪だとされており、やはり国際社会が最重要視する価値規範だと考えられる（藤田 一九九五）。これらの諸原則は基本的に普遍的に適用され、現代国際社会の普遍性を制度的に支えている。

ただしこれらの諸原則によって特徴付けられる国際社会は、最初から普遍的なものとして現れたのではない。ある特定の国際社会が、ある時代の歴史的な事情の結果として、普遍的になったのである。しかもこの国際社会が現在のような普遍的な姿をとるようになったのは、それほど昔のことではない。国際社会が、地理的な普遍性を獲得したのは、せいぜい一九世紀後半の帝国主義の時代においてであろう。それまでは全世界を覆う単一の国際社会は、存在していなかった。普遍的な主権国家の国際社会が確立されたのは、二〇世紀後半の脱植民地化の過程においてである。民族自決権を媒介にした主権国民国家の原則は、植民地制度の解体がなされたとき初めて、普遍的になった。国際人権法・国際人道法は、二〇世紀後半に発展し、冷戦終結以後に急速に権威を高めた。それに応じて国家以外の行為者が活動する場としての国際社会も、徐々に地球大の規模で現れてくるようになった（篠田 二〇〇一）。そもそも世界の大多数の人々が、他国に住む人々と何らかの形で結びついていると感じ、国際社会の存在を意識するようになった時代は、人類の歴史上かつてなかった（Luard 1990, 1-5）。世界大の国際社会は、二〇世紀前半までは、あるいは少なくとも一九世紀前半までは、存在していなかったのである。

2—既存の国際社会論

伝統的な国際社会論によれば、国際社会は近代ヨーロッパで生まれ、その後に他の地域に拡大していった（Bull and Watson 1984）。このような観察は、現代国際社会の構成原理が、ヨーロッパに起源を持っているという意味で、正しい。ただし国際社会がヨーロッパから徐々に世界に広がっていったという事実は、ヨーロッパ諸国が圧倒的な国力を背景にして拡張政策をとったという事実に由来する。ヨーロッパだけが国際的な社会を知っていたというよりも、力の格差のためにヨーロッパの国際社会が他の国際的な社会の形態を駆逐したと考えるのが適切である。中世キリスト教秩序が崩壊した後に生まれた強力なヨーロッパ主権国家群は、ヨーロッパで確立された国家主権などの国際社会の価値・原則・制度を、世界大に広げていく媒介者であった。結果として、ヨーロッパ国際社会が、つまり主権国家の社会としての国際社会が、国際社会の純粋形態であると考えられるようになってしまったわけである。

国際社会の概念を精緻化したことで知られるヘドリー・ブルは、国際社会が成立する要件として、共通の規則や制度をあげた。ブルの有名な定義によれば、国際社会（諸国家の社会）は、「諸国家がお互いの関係において、一組の共通の諸規則に拘束され、共通の諸制度の働きを共有しているとみなす」とき、形成される（Bull 1977, 13）。ブルによれば、諸国家間の単なる相互関係は「システム」を作るにすぎず、「社会」を形成しない（Bull 1977, 9-13）。

ブルの精緻な議論が、高いレベルの「国際社会論」を提示したことは確かである。しかしわれわれは、たとえば「システム」と「社会」を区別することによって、ヨーロッパから広まった国際社会があたかも唯一の国際社会であるかのような印象がもたらされることに、注意すべきだろう。あるいはより正確に言えば、あくまでもヨーロッパ中心主義的な前提にもとづいて、ブルは国際社会の概念を定義したのである。その点を軽視して、純粋に客観的かつ普遍的な定義が、ヨーロッパ国際社会を「標準」の国際社会として発見・評価すると考えるのは、現実から乖離した発想である。

ヨーロッパが世界を統一したのであるから、「ヨーロッパ中心主義と呼ばれうるのは、われわれの視点ではなく、歴史的記録である」との有名な言葉を、ブルは残している（Bull and Watson 1984, 2）。しかし実際には、われわれは一切の「視点」なくして、「歴史的記録」を解釈することはできない。あからさまなヨーロッパ中心主義の歴史観は、単なる力の政治の拡大だけではなく、「国際社会」の「拡大」という世界観を導き出す。「ヨーロッパ中心主義」の力の政治は、「ヨーロッパ中心主義」の「国際社会」の「定義」を媒介にして、「ヨーロッパ中心主義」の「視点」へと容易にたどり着くのである。

現代の世界大の国際社会が、ヨーロッパ国際社会から生まれてきたのは、実は客観的かつ中立的な定義がヨーロッパ国際社会を真正な国際社会として認定するからではない。近代ヨーロッパ諸国の力が、ヨーロッパ国際社会を世界大に広げた。ヨーロッパ国際社会が政治的な情勢によって拡大したことが、ヨーロッパ国際社会を現代の世界大の国際社会の先駆者としているのである。学術的な定義ではなく、現実の力の政治こそが、ヨーロッパ国際社会の特権的な歴史的地位の理由なのである。

もちろんブルがヨーロッパから国際社会が世界大に拡大していったという事実に着目し、その事実を説明できる定義を示したことは、何ら責められるべきことではない。むしろ彼の鋭い定義づけは、賞賛されるべきである。しかし彼の定義の鋭さは、歴史的な事実に対応して初めて意味を持つのであり、定義が歴史を明らかにするのではない。つまりブルは、ヨーロッパ中心主義の歴史を説明する議論を行い、ヨーロッパ中心主義の国際社会論を精緻にしたが、それ以上のことをなそうとはしていなかったのである。

ブルが国際社会の秩序維持の制度としてあげたのは、**バランス・オブ・パワー**（balance of power：勢力均衡）、**国際法**、**外交**、**戦争**、**大国**であった（Bull 1977, Part II）。これらの制度は、確かに今日でも意義を失っていない重要なものである。しかし同時に、二〇世紀以前のヨーロッパ地域における（今日から見れば普遍的とは言えない）国際社会の歴史に強く影響されたものでもある。ブルは、新興独立諸国を国際社会秩序に対する挑戦者として見た一方で（Bull and Watson 1984, Ch. 14）、伝統的にヨーロッパで慣習化していた国際秩序維持に果たす（限定）戦争の機能や大国の役割に注目した。そのためブルは、あたかもヨーロッパ国際社会の性質がどれだけ反映されているかによって、現在の国際社会の国際社会としての性質の度合いが判るかのようにさえ論じたのである。ブルは、脱植民地化によって国際社会が普遍化していく最中の一九七五年に、国際社会は拡大しているというよりも、むしろ衰退傾向に入っているかもしれないとさえ述べていた（Alderson and Hurrell 2000, 7）。

ブルは、権威が主権国家だけに独占されず、複合的になっている「**新しい中世**」の要素が、国際社会に見られることも指摘し、伝統的な国際社会にもたらされる変化について考察した。ただしブルは、地域統合、国家分裂、私的暴力、超国家組織、技術革新などの動きを検討した上で、いずれの挑戦も決定的ではないと結論づけ、主権国家の社会としての国際社会が継続していることを確認した（Bull 1977, 254-266）。だが主権国家の存在と、「新しい中世」の要素とが並存する国際社会像も、ありうるはずである。もし両者が現代世界において並存しているとすれば、われわれがなすべきなのは、主権国家と「新しい中世」のどちらが優勢かと問うことではなく、両者を含みこむ国際社会の姿を検討することになるはずである。そしてそのような多様な国際社会像を描き出すためには、国際社会の姿を人間の価値規範の観点から捉え直すことが必要なのである。

3—世界大の国際社会

ここまで本書は、世界大に広がった現代国際社会を、「国際社会」それ自体であるかのように記述してきた。しかしこれは通常われわれがなじんでいる「国際社会」概念を便宜的に採用しているにすぎず、決して自明のことではない。特に前節で示したような定義によって「国際社会」を理解するのであれば、実は世界大の国際社会が一つの歴史的な産物であり、過去に、あるいは現在も、その他の国際社会がありうることを認めなければならない。地理的に「普遍的」な国際社会が、もはや外部世界を持たないような「普遍性」を持っているわけではないことも、知っておかなければならない。

「国際社会」について考察するためには、そのような概念を可能にしている理論的な基盤について考える必要がある。まず指摘しておかなければならないのは、これまでの国際社会論の多くが、自然人が国内社会を構成するように、国際社会は擬人化された国家によって構成されるとの立場を基本としていたことである（Manning 1962 ; James 1986）。いわゆる「**国内的類推**（domestic analogy）」に依拠する発想は、自然人が国内社会を形成しているように、主権国家が国際社会を形成していると考える（Suganami 1989 ; 大沼 一九九一）。この発想は、実は国際社会について論じた二〇世紀の学者の存在を超えて、深い思想的な背景を持っていると言える。トマス・ホッブズが主権国家を「人工人間」としての「リヴァイアサン」として叙述した時代から、国家と人間を類推関係に置いた上で、「遅れた国内社会」として国際社会を理解する思考様式が、西欧政治思想・法思想に深く浸透していたからである。

「国内的類推」は、「主権国家内の社会ほどに発達していない社会」としての国際社会という、外在的な基準による悲観主義的な国際社会の理解を導き出す。あるいは逆に、特に今日の国際社会が世界全域を覆うようになっているため、国際社会を包括的な「世界社会」なるものへの発展途上段階の一つとして捉えてしまうような思考様式も作り出してしまう。前者と後者に共通しているのは、ある特定の国際社会が、あたかも唯一の国際社会であるかのように考える態度である。しかし実は純粋な国内社会のモデルというものがモデル以上の意味を持たないのと同じように、ある特定の国際社会のモデルもまたモデル以上の意味を持たないはずなのである。

本来、国際社会とは、「国際的」要素を持つ無数の社会に付されるべき概念であり、唯一の普遍的な「世界社会」だけを意味しなければならないものではない。現代の「国際社会」が世界大に広がる社会を意味するようになったのは、ヨーロッパから広がった特定の国際社会が、歴史的な経緯によって地理的に普遍化したからにすぎない。あくまでも複数あった国際社会（international societies）の中のある特定の国際社会が地理的に膨張して世界全域を包み込むようになったにすぎない。現在われわれが知っている国際社会が世界大になったからといって、この歴史的な桎梏《しっこく》から逃れることが簡単にできるわけではない。

われわれは、国際社会に多様な新しい視点を導入するように努力すべきである。ヨーロッパ中心主義が必然的で、文化多元主義はまやかしだというわけではない。国際社会には不断の修正が必要である。そうでなければ、膨張した国際社会は、生き残ることができないだろうからである。しかしだからといって、修正を繰り返して変化していく「国際社会」が、ある一点を越えた瞬間に突然「世界社会」に脱皮するなどと考えることはできない。われわれの知っている国際社会は、地球大に広がって膨張を止め、実際的には普遍的といえるものになっている。しかし国際社会が本当の意味で世界社会になるためには、国家主権などの国際社会の原則が放棄され、何らかの新しい原則が採用されなければならない。そのような革命的な変化が起こったときには、確かに国際社会が消滅し、新しい世界社会が生まれることになる。しかしそれはまさに革命的と言うべき事態であり、やはり単に既存の国際社会が発展して新しい世界社会が出現するわけではないのである。

国際社会はある特定の価値規範に依拠している。それは世界全体を充足的な単一の社会として扱った場合には導き出されないだろう価値規範を含んでいる。また国際社会は絶えず修正の必要に迫られて変化しているが、決して予定された世界社会への発展の過程の中で変化しているのではなく、むしろ国際社会に内在した原則にしたがった形で調整のための修正が加えられ、変化が起こっているのである。

このようにしてみると、通常われわれが国際社会という言葉で意味する世界大の国際社会の内部に複数の地域的な国際社会があるとしても、不思議なことではない。たとえば今日のヨーロッパは、ＥＵを推進力として特異な地域社会を作り出している。ヨーロッパ社会は他の地域に類を見ない特殊性を持つが、いずれにせよ複数の国家・民族を横断している社会という意味で、一つの国際社会だと考えることができる。もちろんイスラム社会として認識できる地理的に広範な社会も、同様に一つの個別的な国際社会であると考えることができる。東アジアにおいても共通の文化的つながりを持つ地域的な国際社会があると言うことは可能だろう。

さらに言えば、世界大の国際社会の内部に、機能的に分化できる複数の国際社会があると言うこともできるはずである。たとえば共通の規則や慣行を共有する諸国家の外交官たちは、職能に応じた一つの生きた国際社会を形成している。だがそうだとすれば同様に、オリンピックに出場する各種目の競技者や、ワールドカップを目指すサッカーチームの選手たちの間にも、一種の独特の国際社会があると言えるはずである。あるいはたとえば国際法などの特定の分野で研究・実務にあたる専門家たちの国際的なネットワークなども、ある種の国際社会だと呼ぶことができると思われる。

このように国際社会を「国境を越えて何らかの共通性を持つ生活を営む人間の集団」という一般的な意味で理解すれば、世界大に広がる国際社会の中で、無数の国際社会が存立していると言うことができるはずなのである。すでに指摘したように、世界大に広がる国際社会もまた複数の国際社会の中の一つの国際社会にすぎないのであり、その世界大の国際社会の内部に異なる国際社会が幾つも存立しているとしても、奇妙なことではない。世界大の国際社会も、地域的に分化した国際社会も、機能的に分化した国際社会も、並立的に存立しうるものなのである。「世界社会」に発展する世界大の国際社会によって、いずれ地域的・機能的に分化した国際社会が解消されるに違いないと決め付けるのは、少なくとも現在のところ、あまり現実的な発想とは言えないだろう。

もちろんこのように指摘することによって、本書はこの一般的な「国際社会」の理解の方が、他の国際社会の理解よりも正しいと主張したいわけではない。複数の国際社会の存在を度外視できるように、「国際社会」の概念を狭く定義づけることは可能である。いわゆる近代ヨーロッパ国際社会のモデルに合致する「主権国家の社会」だけが「国際社会」だと定めれば、主権国家を主要な構成単位としない社会は国際社会ではないと断定できるようになる。だが結局のところこのような問題は、われわれがどのように「国際社会」を定義するかという論点に還元されるのであり、唯一の「国際社会」しか認めたくないのであれば、そうなるように定義し、唯一の「国際社会」にこだわらないのであれば、複数の国際社会を認める一般的な国際社会の意味を採用すればよいわけなのである。

それでは果たして複数の国際社会がありうるとあえて指摘することに、どのような意味があるというのだろうか。それは、われわれが無批判的に当然と考えている世界大の「国際社会」の地位を、多角的な視点から再検討するための準備作業として、意味を持っている。唯一の「国際社会」だと考えられているものが、決して自然法則の結果として絶対的な真理となったのではなく、歴史的・政治的・思想的な状況の結果として、われわれの意識の中で「国際社会」と呼ばれるべきものになったと知ることが、「国際社会」の再検討の幅を広げてくれるのである。世界大の「国際社会」は、決して歴史的に敵対者・競合者からなる外部世界を持っていなかったわけではなく、むしろ現在においてもなお外部世界を持っていると気づくことに、本書の試みの認識論的な出発点が設定される。

世界大の国際社会もまた複数の国際社会のうちの一つでしかないという視点からは、国際社会が常に自らの限界を示す外部世界を持ってきたという事実を鮮明に捉えることができる。かつて国際社会は、目に見えた地理的な外部世界を持っていた。一六世紀以降にヨーロッパに起源を持つ国際社会は急速に膨張していったが、そのときまでヨーロッパ以外の地域は単にやがて飲み込まれるべき空白地帯として存在していたわけではない。しかしヨーロッパ以外の地域の諸々の国際社会は、近代に塗り替えられた歴史観においては、周縁としての地位を持つにすぎないのであった。それどころかヨーロッパ中心主義的な「国際社会」の定義にそって国際社会ではなかったとされ、国際社会の歴史に含まれないようにさえされてしまうのであった。単線的な発展を遂げる国際社会の歴史観では、ヨーロッパ以外の地域で存立していた非西欧的国際社会は、事実上存在していなかったに等しい扱いしか受けてこなかったのである。

国際社会の定義を厳密にすることによっては、このような事実から目をそらすことはできない。たとえば複数の主権国家が共通の制度を持つのが国際社会であると定義し、非西欧的な国際社会は厳密な意味での国際社会ではないと述べたところで、ヨーロッパの外部に国境を越えた共通性を持つ人々の社会が存在していたこと、そしてそれらが近代においてヨーロッパの国際社会に吸収されていったことを、実際の歴史から消去することはできない。われわれが普遍的と想定する世界大の国際社会は、常に外部世界と接触しながら膨張してきた一つの国際社会でしかないのであり、しかも依然としてそれは地理的な意味では自らの内部にあたる領域に、複数の多様な国際社会を持ち続けているのである。

4―国際社会の外部領域

ヨーロッパに「国際社会」が生まれてきたのは、一六四八年に締結されたウェストファリア条約以降であるとか、一八世紀においてであるとか、場合によってはもっと以前の一五世紀であるといった議論がなされてきた。そうした議論が前提としたのは、絶対主義王政の時代に、主権国家への権限の集中が起こり、結果として複数の主権国家が作り出す国際社会が生まれたという認識である。時には、主権国家の社会が現れたのは近代ヨーロッパにおいてだが、国際「システム」は古代から続いているといった言い方で、国際社会を超える視点が模索されることもある（Buzan and Little 2000）。しかしいずれにせよ近代ヨーロッパを基準として理解される「国際社会」の成立の歴史は、外部領域において存在していた多くの他の形態の国際社会を除外してしまう。

われわれがよく知っている東アジアでは、古くから中国を中心とする緩やかな国際秩序が存在していた。もちろんそこにはヨーロッパで発達したような制度は欠落していたかもしれない。しかし中国を地域の盟主と仰ぐ諸国の貢物外交の慣行などによって、地域の諸国間の政治的な関係は表現されていた。また東アジアでは、中国から朝鮮半島や日本に広まった仏教や儒教などの宗教的共通性を基盤にしながら、様々な文化面で各国間の相互交流が図られていた。マーチン・ワイトによれば、この時代の東アジアの秩序は、「**宗主国システム**（suzerain system）」と呼ぶべきものであり、国際社会とは異なるものであった（Wight 1979）。しかし国境を越えて共通性を持つ生活を営む人間の集団は存在していたし、それは政治的指導者層の間においても、一定程度あてはまる。だがもしそうだとすれば、「伝統的な東アジアの国際秩序が国際社会ではなく国際システムであった」と言うことに、単に「東アジアの秩序はヨーロッパの秩序とは同じではなかった」と言うこと以上の意味があるかは疑わしくなる。

一五世紀から一九世紀にかけてのヨーロッパ国際社会の膨張は、一千万人以上のアフリカ大陸からの制度的な奴隷の収奪と、同時進行で行われた。奴隷の慣行自体は、限定的な形で現地の社会でも持たれていた。しかしそれが商業的な利益と結びつき、大陸間の大規模な取引制度となったのは、ヨーロッパ（およびアメリカ州）諸国の力のゆえである。地理的な膨張を支えたのは、奴隷として必要人口を満たした人々の労働力であったが、奴隷はヨーロッパ国際社会の内部においてではなく、外部から供給された。一方的に国際社会によって外部の「未開社会」と規定された地域の人々が、奴隷という制度を媒介にして、強制的にヨーロッパ国際社会に投げ込まれたのである。

もちろん実際には、ヨーロッパ国際社会に吸収されるまで、アフリカ大陸が「未開社会」として収奪に開かれていたわけではない。アフリカにも、大規模な王国から、小規模な部族集団まで、様々な共同体が存在していた。コンゴ王国など幾つかの大規模王国は、同時期のヨーロッパ諸国よりも整備された政治体制を持っていたとも言われる。確かに同質的な主権国家が並存して一定の地理的範囲を占有してはいなかったという点で、モデル化されるヨーロッパ国際社会とは違っていた。しかしそのことは、人口密度の低かったアフリカ大陸に、アフリカの特性を反映した種類の国際社会が存在していたことを物語るにすぎず、決してアフリカが国際社会のない空白地帯であったことを意味するわけではない。アフリカがヨーロッパ国際社会に飲み込まれたのは、ブルの定義に合致する国際社会がアフリカに存在していなかったからではない。ヨーロッパ諸国が、アフリカ大陸の収奪に利益を見出し、収奪する（軍事的）実力を兼ね備えるようになったから、アフリカは収奪されたのである。「未開」という外部領域は、ヨーロッパ国際社会の論理によって「未開」とされた、今は失われた別の国際社会の領域のことなのである。

しかしそれでは現代世界において、世界大に広がった今日の国際社会の外部は、どこに存在しているのだろうか。それはいたるところに、存在している。それはまずもって、国際社会の秩序原理を拒絶した社会に、存在する。その端的な具体例は、テロリスト組織が作り出す世界大のネットワークであろう。今日の国際社会にとって最も深刻なこの外部領域は、国際社会の社会構成原理が全く通用しないという意味で、純然たる国際社会の外部領域である。どれほど国際社会が世界大に広がっていることを強調しようとも、そのような外部領域が現実に存在していることを、否定することはできない。むしろ今日の国際社会は、その外部領域の姿を見定める努力を続け、自らを外部領域に対抗して防衛していくことを求められている。

こうした純然たる外部領域とは異なり、国際社会の内部に存在している形態の外部領域の典型例としては、ヨーロッパをあげることができる。ヨーロッパは現在の世界大の国際社会の原型を生み出したが、二〇世紀における国際社会の変質によって、局地化した。結果として、ヨーロッパ固有の国際社会の論理は、普遍的な国際社会の地理的内部で、維持されることになった。ＥＵだけではなく欧州安全保障協力機構（Organization for Security and Co-operation in Europe : OSCE）や北大西洋条約機構（North Atlantic Treaty Organization : NATO）などの活発な地域的国際組織を持つヨーロッパは、独特の地域的な国際社会を維持している。主権国家からは独立したＥＵの複雑な意思決定機構の広範な権限、ＥＵ議会の代議員の選挙、共通通貨、エリート地域組織官僚、地域組織の軍事力や安全保障政策の統一化、欧州人権裁判所（European Court of Human Rights）による主権国家政府への命令的判断などは、いずれもヨーロッパ以外の地域では類を見ないものである。しかも長い歴史の中で培われた文化的紐帯が、現在の地域組織の制度的結びつきと重なって、各国の一般の人々はヨーロッパという地域のアイデンティティを強固に持つようになっている。

特徴的なのは、ＥＵや欧州評議会（Council of Europe）などのヨーロッパの地域組織が、新規加盟申請国を、一定の基準にしたがって審査することである。民主主義や法の支配といった価値規範によって表現される加盟基準は、いわばヨーロッパ地域の国際社会の参加基準であり、普遍的な国際社会への加入基準よりも、より具体的でハードルの高いものになっている。しかしそのような手続きをへることによって、たとえば東欧諸国の人々は、客観的基準によってヨーロッパの一部になったと確信することができるようになる。またボスニア＝ヘルツェゴビナなどの紛争後地域では、ヨーロッパ地域組織への参加基準を満たすことが目標とされ、平和構築活動に独特な方向付けがなされている。ヨーロッパ人としてのアイデンティティの源泉となる価値規範は、普遍的な国際社会の内部に異質な国際社会を作り出す効果を発揮しており、ヨーロッパという地域だけで通用する制度や慣行の基盤となっている。現代のヨーロッパの国際社会は、世界大の国際社会の内部におけるある種の外部領域になっているのである。国際社会の内部における外部世界は、機能的な面からも抽出できるだろうことは、すでにふれた。ワールドカップを目指すサッカーチームは、独自の国際的ルールを遵守し、独自の国際的慣行にしたがって、独自の国際的な社会を構成する。より政治的な状況を見たとしても、政府からは独立して活動する、人道支援や人権擁護にあたるNGOの「業界」などが、独自の国際社会だと言える。もちろんこれらは、かつての一九世紀までのアフリカ大陸などとは異なり、世界大の国際社会と何らかの形で結びついており、あくまでも内部における外部領域として特徴づけられる。しかし国際関係学が定義する国際社会とは区別される、別個の国際社会を形成していることも否定できないはずである。

5―古典的ヨーロッパ国際社会

ここまで本章は、これまでの国際社会論とは異なるやり方で、国際社会の概念を広く捉えることを提唱してきた。事実上、国際社会のヨーロッパ中心主義的な理解を、批判的に考える見方を示した。しかしこのように言うことによって逆に明らかになるのは、圧倒的な力を備えるにいたった近代ヨーロッパの国際社会が、人類史において独特な地位を持っているということである。国際社会の概念をヨーロッパ中心主義の枠組みの中だけで捉えることは、警戒しなければならない。しかし類まれな影響力を誇るにいたったヨーロッパ国際社会がどのような国際社会であったのかを検討する作業も、本書の問題関心からすれば、回避することができない。

主権国家の社会としての国際社会の制度が固まっていったのは、ウェストファリア条約をへて、さらにしばらくしてであった。ブルの用語を使えば、一五世紀から一七世紀にかけては、主権国家間の規則・制度が未発達である代わりに、キリスト教文明圏の紐帯がかなり残存する「**キリスト教国際社会**」と呼べるものが存在していた。それに対して、一八・一九世紀は、「**ヨーロッパ国際社会**」の時代である（Bull 1977, 26-36）。その時代に、ブルが『アナーキカル社会』において国際社会の制度としてあげた、バランス・オブ・パワー、外交、国際法、戦争、大国などが、秩序維持の観点から意識的に採用されるようになった。国際社会は主権国家の社会である、という観念が確立されたのも、この古典的なヨーロッパ国際社会の時代である。この時期に顕著なのは、ヨーロッパ各国の理論家・実務家たちが、「キリスト教世界（Christendom）」に取って代わった「ヨーロッパ」全体が、共通の制度を共有していると考えたことである（Hinsley 1963, 156-157; Watson 1992, 202-213）。

ヨーロッパ全体の制度のうち最も重要なのは、バランス・オブ・パワーである。スペイン王位継承戦争の終結にあたって締結された一七一三年の**ユトレヒト条約**では、歴史上初めてバランス・オブ・パワーの維持が目的として明記された。ヨーロッパ国際社会においては、バランス・オブ・パワーこそが、平和と安定をもたらすものだと考えられたのである。ワイトの言葉を用いれば、「バランス・オブ・パワーは、一八世紀を通じて、ある意味で国際社会の不文憲法であるかのように、一般的に語られていた」(Wight 1979, 174)。覇権国台頭を防ぐことに国益を見出していたイギリスでは、国内憲法における権力分立と勢力均衡の原理を、ヨーロッパにおけるバランス・オブ・パワーと重ね合わせる風潮があった(Anderson 1970, 183-184)。

「理性の時代」とも言われる当時のバランス・オブ・パワーは、太陽系の運行の原理と同じように、自然調和的に働くものだと信じられた(Watson 1992, 200 ; Bull and Watson 1984, 24)。他方において、特にデビッド・ヒュームやエドマンド・バークといったイギリスの思想家たちによって、征服者の台頭を牽制し、諸国の自由を守るものとして歓迎された(Hinsley 1963, 163)。バランス・オブ・パワーとは、単に大国の力と力のせめぎ合いの状態を指すのではなく、一つの法則として、あるいは一つの規範として、ヨーロッパ全体に広がる制度として考えられていた。二〇世紀の国際関係学におけるイメージとは異なり、「啓蒙の時代」のバランス・オブ・パワー論は、人間が理性の力によって自らの運命をコントロールできるという楽観主義的な風潮と結びついていた(Anderson 1970, 198)。

この時代に特有の戦争観は、バランス・オブ・パワーの原理によって説明される。ヨーロッパ国際社会において戦争は、中世においてのように「正戦論」によって制御されるものでも、二〇世紀国際社会においてのように原則的に忌避されるべきものでもなかった。なぜなら戦争は、バランス・オブ・パワーの原理に即して、行われるものだったからである。つまり当時の国際社会において戦争は、必ずしもいつも秩序の崩壊を意味するわけではなく、勢力を均衡させるための手段としても捉えられていた。この傾向は、大陸の外側から「バランサー」としての制度的役割を自覚的に担ったイギリスでは、特に明らかであった。

もちろんこうしたバランス・オブ・パワーと戦争の制度の背景には、主権理論の認知があったと言える。一八世紀のヨーロッパ国際社会は、国王＝主権者たちの社会によって大きく規定されていた。正当に戦争を遂行できるのは主権者の持つ軍隊だけであるという「ルール」、しかも戦争に関する諸規則を適用しなければならないという「ルール」にのっとって、主権者たちは政治「ゲーム」としての戦争を行っていた。戦争という暴力行為は、正統な暴力装置を独占する主権者たちの社会においては、一つの制度として、一定の規則にのっとって行われたのであった。

ただしヨーロッパ国際社会において名目的に主権者とされていた全ての君主たちが、制度的に平等であったわけではない。ヨーロッパ国際社会は、極めて少数の大国と、その他の諸国とを区別する階層的秩序を持つ社会であった。当時のヨーロッパには、形式的には数百の国家が存在していた。ウェストファリア条約の時期から一九世紀後半のドイツ帝国成立までの間、大陸の中央は百余りの弱小領主主権者たちによって統治されていた。またナポレオンによって最終的に倒されるまで、神聖ローマ帝国も存続していた。しかしバランス・オブ・パワーの制度の観点からすれば、それらは大国の外交政策の操作の対象にすぎず、ヨーロッパ国際社会を実際に動かしていたのは、大国であった。

当時の国際社会で大国として認められていたのは、イギリス、フランス、オーストリアなどだけであった。ポルトガル、スウェーデン、そしてオランダ、さらにやがてスペインまでもが次第にかつての大国としての地位を失い、代わってプロイセン、ロシアが大国として台頭した。ナポレオン戦争後には、オーストリア、プロイセン、ロシアが「**神聖同盟**（Holly Alliance）」を形成し、イギリスも参加した「**ヨーロッパ協調**（Concert of Europe）」体制の中核を占めることになった。一九世紀後半には、ドイツとイタリアが大国の仲間入りを果たし、やがてヨーロッパの外から、まずアメリカ合衆国が、そして日本が加わっていった。ヨーロッパ国際社会は、「ゲーム」に参加する資格を持つ大国によって運営される社会であり、したがって重要だったのは、主権国家一般がどのような状態にあるかということではなく、どの国が大国の地位を持っているかということであった。

このヨーロッパ国際社会の時代に、「諸国民の法（law of nations）」は、神法や自然法の影響を除去して、国家間の条約と慣習によってのみ成立する「国際法（international law）」の観念に脱皮していった。「国際（international）」という語が、諸国民の法に代わる「国際法」という新しい法概念を表現するために捻出されたのは、一八世紀末のジェレミー・ベンサムによってであった（Bentham ［1780］1970, 296）。諸国民の上位に位置する法ではなく、あくまでも主権者間の同意と慣習の集積でしかない国際法は、本質的に現状肯定的なものとして編み出された。たとえばバランス・オブ・パワーの原理は、ユトレヒト条約以降、国際公法の一部となっていた。エメール・ヴァッテルでさえ、諸国の平等を保障するものとしてのバランス・オブ・パワーを肯定した。一九世紀になると、多くの国際法学者は、バランス・オブ・パワー維持のための戦争や介入でさえ、慣習国際法として認めるようになった（Phillimore 1854, 433-483）。

今日まで続く外交の制度的役割が発展したのも、この時代であった。ウェストファリア条約からユトレヒト条約にかけての時代に、国際社会の秩序構想が、外交交渉をへた条約締結という形で表現され、実定法としての国際法の一部となる慣行が作り上げられた。権力を一元的に手中にした大国の主権者を国際社会で代表する外交官は、限られた数の大国がお互いの間で行う「ゲーム」の直接的なプレーヤーとなり、共同で国際秩序を決めるという制度的な特権を持った。バランス・オブ・パワーの原理を反映し、同時に憲法規則的な国際法の意味を持ったウェストファリア条約、ユトレヒト条約、そしてナポレオン戦争後に一八一五年に締結された**ウィーン条約**は、大国の外交官が共同で決めたヨーロッパ国際社会の秩序構想を表現していたが、大国の外交官が集まって開かれる国際会議によって国際社会の秩序が決められるという慣行は、このヨーロッパ国際社会の時代に確立されたのであった。

当時のこのような国際秩序は、国際社会が価値観を共有する同じ階層の人々によって担われていたという事実にも由来する。この時代の外交官は、国家そのものではなく、あくまでも国王個人に雇われて仕えたので、複数の国々を転々として働くことが可能であった。各国の職業外交官たちは、侍従する国王の違いを越えて、共通の価値規範を持つ同一の階層に属していた。大国を媒介にして成立した当時のヨーロッパ国際社会とは、実は少数の国王と職業外交官たちによって動かされる狭い社会であった。宗教戦争の時代から脱皮した彼らの合理主義志向は、ヨーロッパの秩序維持という共通の目標と、相互利益を見出す外交交渉術を、国際社会の共有財産としたのである。

バランス・オブ・パワー、戦争、国際法、大国、外交を、ブルは二〇世紀の世界大の国際社会にも見出せる制度であると論じた。しかし彼の主張は、一八世紀に安定的な国際秩序をもたらしたヨーロッパ国際社会が生み出した制度を、超歴史的な国際社会の制度とみなすような態度に依拠していた。実際のところ一八世紀のヨーロッパでは、秩序維持の観点から計算された限定戦争は頻発したものの、大国間の全面衝突や覇権国による支配はおおむね回避され、大国間の全般的平和としての国際秩序は、ほぼ維持された。当時のヨーロッパ人たちが、ヨーロッパ国際社会の秩序に自信を持ったのは、不思議なことではなかった。またヨーロッパ国際社会から発展して世界大に広がった二〇世紀の国際社会が、同様の諸制度に一定の信頼を置いていたことも確かだろう。しかしそれらの制度によって安定的な秩序がもたらされるとの確信が、実はヨーロッパ国際社会に特有の歴史認識に由来するものであることも否定できないだろう。ブルは、彼の議論が正しいかどうかは別にして、ヨーロッパ中心主義的な国際社会観によって、二〇世紀の世界大の国際社会の秩序も把握しようとした。だからこそブルは、国際社会は普遍化したことによってかえって秩序維持機能を低下させたと考えたのであり、ヨーロッパ中心主義は自らの学問的視点によるものではなく、歴史的事実によるものだと断言したのであった。

しかし安定的な秩序を維持したとされるヨーロッパ国際社会も、その機能を半永久的に発揮したわけではない。特にヨーロッパ国際社会を担った主権者と貴族階級外交官たちを驚愕させたのは、一八世紀末に二つの大国で起こった革命であった。一つはイギリスの北米植民地の独立につながるアメリカ独立革命であり、もう一つはフランス本土で起こった共和主義革命である。前者は一九世紀に、中南米植民地の独立を誘発し、ヨーロッパ国際社会の非ヨーロッパ化＝アメリカ化を促した。後者は、ナポレオン戦争を通じて、共和主義思想の普及とナショナリズムの喚起というさらなる衝撃を生んだ。いずれもが、貴族階級が持っていた、一八世紀のヨーロッパ国際社会への信頼を傷つけるのに十分な事件であった。

ナポレオン戦争が終結し、ウィーン講和会議において戦後の国際秩序が決められたとき、バランス・オブ・パワー体系の再構築だけではなく、大国による集団的な秩序維持の制度を、外交官たちは模索することになった。だがヨーロッパ国際社会の秩序を維持しようとする彼らの試みは、時代の流れを容易に止めることはできなかった。フランス革命が国際社会に注入した国民主権と民族自決の思想、アメリカ革命が国際社会に注入した主権国家の平等と内政不干渉の思想、そしてイギリスの産業革命が国際社会に作り出していった資本主義とその副産物である階級闘争の思想は、一部の貴族階級によって維持されていたヨーロッパ国際社会の秩序を、次第に、しかし決定的に、時代遅れなものにしていった。

ヨーロッパ国際社会の支柱となった諸制度は、本書の各章においても繰り返し検討対象となるだろう。本章で確認しておきたいのは、ヨーロッパ国際社会という固有の出自を持つ国際社会の諸制度が、過去において様々な外部領域を持っていたし、世界大に拡大していった後の現代ですら、外部領域を持っているということである。国際社会の拡大と、外部領域との接触の経過は、第2章以降の各章で焦点をあてる価値規範の体系と関連させる形で、論じていくことになる。

第2章 国家主権

国家主権は、国際秩序を構成する原則のうち最も重要なものである。ただしかつては主権国家だけが国際社会の構成員として認められるという議論もあったが、多様な組織が活発に動いている今日の国際社会では、そのような見方をとることは極めて困難である。また主権国家の衰退が起こっているという議論もしばしば見られたが、国家主権原則が国際社会において持っている地位が、揺らいでいるとは言えない。国家主権概念の内容は、時代の政治情勢に応じて移り変わる。われわれが重要視すべきなのは、そのような国家主権概念の変遷を分析した上で、国際秩序の性格を的確に捉えていくことであろう。

1——国家主権の地位

国際社会が標榜する価値規範の中で最初に論じられるべきなのは、国家主権の原則であろう。なぜなら長い間にわたって、国家主権こそが国際社会の支柱だと考えられてきたからである。特に、主権国家の社会が国際社会である、との伝統的な論者の立場からすれば、国家主権こそが国際社会の基盤であり、国家主権こそが国際社会を国際社会たるものにするのであった。

もちろん国家主権にそのような重要性を認めない立場もある。また国家主権が国際秩序の基盤になっていると指摘することは、国家主権が道義的あるいは政治的に最も重要であることを必ずしも意味しない。ただ伝統的な国際社会の理解に、国家主権が不可分のものとして結びついていたことは、確かであろう。かつて国際社会の擁護者は、ほぼ必然的に国家主権の擁護者であるとみなされた。また国家主権に批判的な者たちも、既存の国際秩序の考察にあたって、国家主権に焦点をあてることが多かった。国際社会の構成原理として認められてきた国家主権は、他に類を見ない機能を期待・懸念されてきたのであり、その意味で国家主権とは、国際社会にとって特別な価値規範であり続けてきた（James 1986）。

国連憲章は、国連が依拠する諸原則を定めた第二条の第一項において、「この機構は、そのすべての加盟国の主権平等の原則に基礎をおいている」と定め、国連が国家主権を最大限に尊重しようとしていることを明らかにしている。国家主権とは、国連に加入することができる国家という存在を、国家として成立させるための原則であり、その意味で国連にとって最も重要な構成原理であることは間違いない。またそもそも国連がそれほど国家主権を重要視するのは、国家主権は重要な国際社会全体の構成原理である、という認識があるからでもある。

なおここで国連憲章が、単に「主権」ではなく、「主権平等」と表現していることの含意については様々な議論がなされてきた。国家主権を絶対視する立場からは、主権国家の上位に位置づけられるものがありえない以上、諸国家はすべて平等であり、「主権平等」は同意反復であると論じられた（Morgenthau [1948] 1985, 331-332）。また一方では、「主権平等」とは単に「法の前の平等」を意味しうるにすぎず、実質的な平等までも意味しないとの指摘もなされ（Kelsen 1944, 36-37）、国連安全保障理事会における五大国の拒否権という特権との整合性が考慮された。歴史的な経緯から説明すれば、「主権平等」という表現は、アメリカがフランクリン・ローズベルト大統領の「善隣外交」の時代に中南米の中小国との関係改善を図ろうとする過程で生み出されたものである。つまり大国の干渉に対する中小国の懸念を解消する目的で用いられるようになり、同様に中小国を国連に加盟させるために国連憲章でも用いられるようになったのである（Klein 1974）。したがって「主権平等」という表現は、できり限り多くの諸国を国連に加盟するように誘い出すべく、国連が国家主権を承認し、諸国の平等を承認することを示すために、挿入されたのであった。国連そして国際社会全体は、すべての諸国が平等な主権を持つという原則を、主要な構成原理としているのである。

ただしそこで問題になるのは、それでは主権国家以外は国際社会に参入することができないのか、という疑問である。すでに第1章で見たように、伝統的な国際社会論によれば、主権国家は排他的な国際社会の構成員である。しかし実際には国連の活動に、アドバイザーや、あるいは人道援助の現場のパートナーなどとして、NGOは深く国連の活動と結びついている。そもそも国連の諸機関自体が、主権国家によって授権されているとはいえ、相当程度にまで自律的に活動している。国家主権原則を尊重する国際社会が、主権国家に中心的な地位を認めるとしても、それは決して排他的なものではない。今日の国家主権原則は、主権国家の特別な地位を表現しているとしても、他の行為者を国際社会から完全に排斥するようなものとして機能しているわけではないのである。

果たしてそのようなものが依然として国家主権と呼びうるものであるかどうかに、疑問を抱く者もいるかもしれない。しかし現実は、そのように動いているのである。国家主権とは、一つの原則であり、一つの概念である。国家主権のように長い歴史を持つ概念に、多様な意味内容が含みこまれてしまうことは、不可避であろう。何らかの真正な国家主権の定義を追い求める態度も、学問的にはありうるかもしれない。しかし少なくともある特定の国家主権概念の意味内容を絶対的なものと考え、それによって現実の国家主権原則の機能を「間違っている」と糾弾するのは、錯綜した態度だと言わざるをえない。国際社会の探究において、重要な原則を作り出している価値規範を検討することは重要な課題である。だがそのことと、国家主権のように現実に多角的に機能している概念に、ある特定の教義にもとづいた定義を押し付けようとすることとは、異なるのである。

2—国家主権の思想

豊穣な国家主権の意味内容を知るためには、その概念の思想史的な背景にふれる必要があるだろう。国家主権の概念は、歴史の中で常に一定の意味内容を持ってきたというよりも、むしろ様々な政治情勢に応じて、様々な変化を遂げてきた（Shinoda 2000）。したがって現在の世界大の国際社会に対応した主権概念を考えるためにも、主権概念が時代の思想的・歴史的背景に対応して発展させてきた含意を捉えるようにしなければならない。

歴史的起源について言えば、国家主権とは、宗教戦争の時代をへた後の絶対王政期のヨーロッパで、確立された原則である。もっともこのことは、それ以前のヨーロッパで、あるいはヨーロッパ以外の地域で、国家主権と同じような原則が全く存在していなかったことを意味するわけではない。国家主権の定義次第では、世界の様々な地域の様々な時代に、国家主権と同じような原則があったことを見出せるだろう。しかし絶対王政期以降のヨーロッパの特徴は、国家主権と呼ばれる原則を意識的に理論化し、それに応じて国家そして国際社会についての理論を発展させたことである。政治思想としては、一六世紀のジャン・ボダンや一七世紀のトマス・ホッブズによって、体系的に説明された。また国際関係史においては、宗教戦争の終焉を象徴する一六四八年のウェストファリア条約が、国家主権の確立を示す事件としてしばしば言及される。

主権がなぜ政治社会の構成原則として信奉されるようになったかは、一七世紀以前のヨーロッパの歴史を見ればわかる。キリスト教の価値規範にのっとった中世の秩序が、宗教改革によって大きく動揺し、一六・一七世紀のヨーロッパは宗教対立に起因する戦争に苛《さいな》まれていた。当時の政治理論家の最大の課題は、何らかの政治的秩序を確立し、安定的な平和をもたらすことであった。しかし宗教的価値規範に関する議論は、むしろ対立を助長するだけであり、賢明な政治理論家が行うことではなかった。そこでボダンやホッブズらが解決すべき問題と考えたのは、価値規範の内容ではなく、教会、帝国、王国、都市、領主、ギルドなどの権力が複合的に存在する中世的な政治社会であった。彼らは、価値中立的な権力者に一元的に権力を集中させることによって、対立構造を終焉させようとし、そのために主権論を唱えたのであった。

ボダンは、主権とは「共和国の絶対的で永久的な権力である」と定義した（Bodin 1992, 1）。ボダンによれば、主権者は、いかなる地上の権威にも服することがない。もっともボダンの哲学においては、主権者は、神法や自然法には従わなければならないとされていた。しかし**社会契約論**によって権威づけられるホッブズの主権者には、もはやそうした制約はなくなる。戦争状態として説明される自然状態から逃れるために、各人は自らの持つ権利を全て主権者に委譲して、主権者の絶対的権力を作り出すのであった（Hobbes [1651] 1985, 227）。ホッブズは秩序の思想家であり、主権論は秩序構築・維持のためには、最も合理的な理論だと考えられたのであった（篠田　一九九九、二三一―二四頁）。

実はホッブズは、国家が設立されて主権者に絶対的権力が委ねられると国内には秩序が保たれるが、国際関係には戦争状態が継続すると考えた（Hobbes［1651］1985, 187-188）。こうした発想から、絶対王政期の主権論の確立が、国際関係における戦争状態の要因になるという議論が生まれる。そのためホッブズの主権論とほぼ同時期に作られ、確かに領土主権の原則を適用し、主権者の権限を保障することを目指したウェストファリア条約が、時にはあたかも国際関係に無秩序を常態化させたものとして言及されることさえある。

しかしウェストファリア講和会議は、あくまでもヨーロッパに秩序をもたらすために、三十年戦争の終結にあたって開かれた。ウェストファリア条約は、その後の一七一三年ユトレヒト条約、一八一五年ウィーン条約、第一次世界大戦後の一九一九年ベルサイユ条約などと同様に、大戦の後の国際秩序構想を定めたものであり（Gilpin 1981, 36）、主権はそうした秩序の確立のために有益な原則だと考えられたのである。そもそも主権の原則は、秩序維持機能に資すると思われる限りにおいてウェストファリア条約に取り入れられたが、その目的を離れて盲目的に信奉されたわけではなかった。実際には名実ともに独立を保持していたフランスやスペインの国王、帝国内にとどまりながらも事実上の独立を獲得したババリア、サクソニー、ブランデンブルクなどの百以上の小国の諸侯や五十ほどの自由都市、そして名目的にのみ個別国家の体裁をとったハプスブルグ領内の諸国などの三つの範疇が、ウェストファリア条約によって作り出された（Watson 1992, 187）。スティーブン・クラズナーが強調するように、少数民族保護の特例などを盛り込んだウェストファリア条約は、純粋な絶対主権を現実化したとはいいがたい側面を持っており、近代主権国家システムを「ウェストファリア体制」と呼ぶ習慣は、必ずしも歴史的事実を純粋に反映したものではない（Krasner 1993, 1999）。

しばしば誤解されるが、ボダンやホッブズはあくまでも、戦争が慢性化していた時代に、帝国支配に代わる秩序を構築するために、主権を理論化したのであった。戦争状態は主権によって導き出されるのではなく、主権によって防がれるはずなのであった。同様にウェストファリア条約においても、主権原則は、戦争状態を防ぎ、国際秩序構築のために用いられるべきものであった（Ikenberry 2001, 37–39）。ボダンやホッブズの理論の意図は、政治理論の分野では、極めて明白である。ジョン・ロック以来、彼らを批判したのは、秩序構築に主要な関心を持つ者ではなく、個人の権利を重要視する者たちであった（Locke［1689］1967）。

ロックが代表する自由主義者の陣営は、ホッブズのように秩序維持の観点を重要視して、国家主権を絶対化することは避けようとした。ただし彼らも国家主権を完全に否定しようとしたわけではなかった。無秩序状態は、個人の権利擁護の観点からも忌避されるべきだと考えたからである。自由主義者たちが主張したのは、秩序維持機能に必要な権限を与えられた権力者は、その権限の範囲内で行動すべきであり、権限を超えた抑圧的な行為は許されないということであった。彼らは個人の自由と、社会の秩序との調和を求めたのである。

ロックは「**自然状態**」においても一定の秩序が保たれていたとして、ホッブズの「万人の万人に対する戦争」から抜け出るために絶対的権力が要請されるとの主張を斥《しりぞ》けた。その上で、よりよく権利を保護するために政府が設立されるが、政府の越権行為によって重大な個人の権利の侵害が起こったときには、契約違反を犯した政府は解体させられると論じた。人民は政府の圧制に対して抵抗し、革命を起こす権利を持っていると、ロックは主張した（Locke［1689］1967, 445）。このようなロックの議論は、政府が行使できる「通常権力」と、全ての権限の源泉である人民が持つ「**憲法制定権力**」とを区別することによって、可能となるものであった（Franklin 1978, 124）。英米圏の国々に巨大な影響を与えたロックの自由主義思想は、主権の「行使者」と主権の「源泉」に依拠した二元的な論理構造によって、成立するものであったのである。

ロック流の**自由主義**によって、政府の権限と人民の権威、通常権力の行使と憲法制定権力の保持とが区別され、国家主権論は大きな修正を施され、立憲主義の枠組みの中で理解されるようになった。**名誉革命**によって樹立されたイギリスの政体が、ロックの抵抗権・革命権思想を標榜していたわけではない。しかし革命を正当化する論理として、自由主義的な自然権の理解を持たざるをえなかったことは事実であり、王権への権力の集中を防ぐために議会主権の名の下に、政府権力は、王、貴族院、庶民院に、分割された。一八世紀の憲法学の巨匠であったウィリアム・ブラックストンによれば、議会主権が絶対的であると同時に諸個人の権利もまた絶対的なのであった。しかも議会主権とは、議会と王によって、複合的に行使されるものであった。ブラックストンは、主権と諸個人の権利の両者の絶対性を保障し、主権の行使者を分割しているイギリス憲法の偉大さを誇るのであった（Blackstone［1765-1769］1973, 36-38, 57-61）。

ロックの思想を受容して起草されたのが、アメリカの独立宣言であった。統治者の圧政に対して人民が抵抗し、革命を起こす権利を持っているとの議論は、政府が行使する主権が完全なものではなく、自然権に由来する人民の主権によって制限されているという思想に依拠していた。独立戦争後のアメリカ一三州では、しかしロックが求めたような権利と秩序の調和は見られず、人民主権の放縦とも思える状況が広がった。そこで人民主権の方向への行き過ぎを強力な連邦権力によって是正するために作られたのが、合衆国憲法であった（Kramnick 1987）。合衆国憲法制定以降のアメリカでは、州政府と連邦政府との間で行使できる主権の範囲が分割され（Madison, Hamilton, and Jay［1788］1987, 220–222）、究極的な主権者であるはずの人民の存在も、州の人民と連邦の人民という形で区分されるようになった。すでにネーデルラント共和国の国制に関して議論されていた「**分割主権**（divided sovereignty）」論は（Temple［1673］1972, 52–74）、南北戦争の時期までアメリカの連邦最高裁判所や主流の法学者が採用した憲法理論となったのである。さらに重要なのは、政府だけではなく、憲法の制定者である人民という主権者もまた、憲法の定める規範に服さなければならないと論じられたことである（Shinoda 2000, 41–44）。主権を一定の規範的な枠組みに組み込むという思想は、「**立憲主義**（constitutionalism）」と呼ばれて体系的な政治教義となり、イギリスに続いてアメリカが誇るものとなったのである。

しかしイギリスでは、ヨーロッパ大陸でのナショナリズムのうねりを受けて、民主化の圧力が高まり、議会主権の内容は二〇世紀になる頃には大きな変貌を遂げる。アメリカでも南北戦争を契機として、古典的な立憲主義は、退潮傾向に入る（Shinoda 2000, 56–62）。ナショナリズムが勃興し、労働運動が活発化し、大衆の民主化要求運動が高まる時代になると、憲法の枠組みに人々の政治的情念を押し込めておくことはますます難しくなった。第3章で見るように、そのような時代には、国家主権は秩序維持の機能を発揮するだけではなく、むしろ人々の政治的熱情の対象としても理解されるようになっていくのであった。

3―国家主権と国内的類推

一七世紀から二〇世紀に入るまでの時期の政治思想や憲法学の分野での国家主権に関する人々の認識は、同時期の国際法における国家主権概念や、現実の国際関係における主権国家の性格の変化と、密接に関連していた。

第一に、主権国家の実力が変わった。近代主権国家は、中央集権を完成させ、財政基盤を確立し、軍隊・警察機構などの物理的暴力の手段を独占し、他のあらゆる集団を圧倒する実力を持った。内政的に安定的になった主権国家は、秩序維持のために必要とされる以上の過剰な実力を備え、対外的には逆に秩序を不安定にする要因になってしまった。

第二に、対処すべき戦争の性質が変化した。一七世紀以前にヨーロッパ諸国を悩ませたのは、国益追求の結果として生まれる国家間戦争ではなく、国家内部に分裂をもたらす宗教関連の対立であった。しかし宗教戦争がヨーロッパから消えていくと、残ったのは絶対王政を確立した大国同士の戦争であった。それに応じて、大国間の対立を助長するものとしての主権論が警戒されるようになった。

第三に、アメリカ合衆国をはじめとする新興独立諸国が登場するにつれて、全ての国家は主権国家であり、平等であるという革新的な議論が広まっていくことになった。一七五八年に出版された『諸国民の法』においてエメール・ヴァッテルは、「諸国民」は「人格」を持ち、「理解力と固有の意思」を持っているると論じた。ヴァッテルの有名な言葉によれば、「小人は巨人と同じように人であるように、小共和国は最も強大な王国と同じく一つの主権国家である」(Vattel [1758] 1995, 3, 11)。国家の平等という思想は、国際法においては決して伝統的なものではなく (Dickinson 1920)、大国支配が自明であったヨーロッパ国際社会においては、秩序維持的なものというよりも、むしろ革命的なものであった。独立戦争当時のアメリカ人たちがヴァッテルを愛好したことからもわかるように、国家平等の議論は、正義の名において既存の秩序を変革しようとする動きを正当化する含意を持っていた。

第四に、ナショナリズムの勃興が、人間の情念に関する概念へと、主権論を大きく変質させた。フランス革命までの時期の主権論は、主権者の権力に関する議論でしかなかった。つまり国王が持つ権力の性質についての理論でしかなかった。しかしフランス革命によって国民全体に主権が宿るとされて以来、主権論は民族的熱情と切り離すことのできないものになった。すなわち一握りの貴族階級によって操作されるものではなく、国民全体の感情によって左右されるものになった。ヨーロッパ国際社会で限定的に行われ、制度的なものになっていた戦争が、ナポレオン戦争以降、民族の存亡を賭けた全面的な総力戦の様相を呈するようになったのは、そのためでもあった。

第五に、国家の擬人化が関わる。単なる主権者の権力に関する理論ではなく、国家そのものに関わる理論としての主権論が発達するためには、国家が主権の担い手として十分なまでに擬人化されなければならなかった。国王ではなく、国家そのものに主権が宿るという考えは、国家が現実に実体を持ち、「意思する」存在であると感じられるようになって初めて可能になった（Rousseau［1762］1968）。特に一九世紀ドイツ国法学は、国家を単なる諸個人の集合体ではなく、一つの実体を持つ有機的な人格として認識する態度を発展させた（Merriam 1900）。そのとき一つの人格とされた国家内部の秩序の安定はむしろ自明の前提となり、共通の政府を持たずに国家が乱立する国際関係は逆に「戦争状態」にあるという、「国内的類推」にもとづく発想が広まっていくことになったのである。

国家主権とは、本来は一つの理念にすぎない。国家という現実の権力機構を描写するために用いられるとしても、その事情が変わるわけではない。一六・一七世紀にボダンやホッブズが期待した主権という理念が、二〇世紀にいたるまでの世界の変容によって、時代遅れのものになったとしても、それは至極当然のことだろう。それでも国家主権が信奉され続けているとすれば、それはその理念が時代に応じて変化したためなのである。近代の時代の要請を受けて、国家主権の意味内容は変化を起こした。その結果として、秩序維持機能を要請された国家主権原則が、国際社会の無秩序の構造的要因として認識されるようになっていったのである。

このように考えると、秩序維持機能として期待されて登場したはずの主権論が、なぜ二〇世紀になって生まれた国際関係学においては無秩序の要因とみなされるようになったのかが明らかになってくる。たとえば国家間の戦争が国際秩序の維持を困難にするほどの深刻な意味を持ち始めたのは、実力を増大させた主権国家がお互いの生存を賭けて直接的に戦い合うようになったからである。かつて国家権力の配分を定めるための原理として、秩序維持に資するものとして期待された国家主権は、二〇世紀になると、苛烈な権力闘争の文脈の中でのみ理解されるようになった。論争の対象は、国家主権とは何か、国家主権をどのように採用するのか、といった問いではなく、どの勢力が主権とみなすべき権力を獲得するのか、どの主権国家が最終的な勝者となるのか、という問いに移行していった。主権は、知識人の理性的推論の中で扱われるものではなく、政治運動に参加する人々によって唱えられるものになっていったわけである。理論的な整合性を度外視して、現実の国際関係の動きを研究しようとした人々が、国家主権を捨て去ることのできないものとして認識したのは、そのためだった（Shinoda 2000, Ch. 5-6）。

しかし国際関係学における主権の問題には、さらに学説史的な背景がある。国際関係学が一つの学問分野として現れてきた二〇世紀前半の時代において、二度の世界大戦は国際社会が持つ構造的な問題によって引き起こされたと、多くの国際関係学者は考えていた（Shinoda 2000, Ch. 5）。すなわち国家に主権が与えられていることが、あるいは国家という単位に世界が分断されていることが、国際関係が無秩序であり、戦争状態から脱け出せない構造的な原因だとされたのである（Waltz 1959, 1979）。戦争状態を終結させるために主張された主権という制度の趣旨は、主権国家が世界大に広がった二〇世紀には忘れられ、逆にむしろ戦争の温床だと感じられるようになったわけである。

この事情は、両大戦間期に米英の主流であった法学的アプローチに対する反動として「**政治的現実主義**（political realism）」が勃興した第二次世界大戦以後に、体系的な国際関係学が形成されたことにも関係している。バランス・オブ・パワーによる国際秩序の安定にある程度の自信を持っていたヨーロッパの知識人たちは、第一次世界大戦の凄惨さに大きな衝撃を受けた。そこで新たな世界戦争を防ぐために、国際社会の構造の抜本的な改変が必要だと考えるようになった。そのために生み出されたのが国際連盟だったが、絶対的な国家主権の保障は、国際秩序の安定の脅威であるという認識が、連盟設立を後押ししていた。戦争の温床となったのは国家主権を制限する制度が欠落していたためであり、国家主権は廃止されないまでも、制限を受け入れるように修正的に理解されなければならないというのが、両大戦間期に広く見られた議論であり、後にE・H・カーやハンス・モーゲンソーらによって「**ユートピアニズム** (utopianism)」あるいは「**理想主義** (idealism)」と呼ばれた傾向が顕著になったのであった (Carr [1939] 1991; Morgenthau [1948] 1985)。

当時の米英の知識人たちは、しばしばアメリカやイギリスの立憲主義の歴史を参照して、国際社会の進むべき道を論じていた (Shinoda 2000, Ch. 4)。社会契約論にもとづいた自由主義に依拠するイデオロギーによって、名誉革命や、独立戦争あるいは憲法制定が成し遂げられた両国では、個人の自然権が不可侵の権利として革命によって擁護されると同時に、個人の権利をよりよく守るものとして政府の樹立が正当化される教義が信奉されていた。国家主権を国際社会における各国家の自然権的な権利と考えると、この社会契約論的な発想が、ほぼ直接的に国際社会でも援用されることになる。ホッブズが「万人の万人に対する戦争」と呼んだ「自然状態」から脱け出すために、人間は社会契約を結んで、主権者の絶対権力による統治を承認する。同様にして、戦争が避けられない主権国家の間の「自然状態」から脱け出すためには、国家は国際的な社会契約を結んで、何らかの超国家権力による制限を受け入れなければならないと考えられるようになったのである。

このような「国内的類推」にもとづくと、議論の要点は、戦争を避けるべき方法として何が適切であるかではなくなってしまう。理想主義者と呼ばれた者たちと同様に、モーゲンソーは戦争を究極的になくすことができるのは、世界政府のような超国家権力だけであると考えていた（Morgenthau［1948］1985, 525-559）。つまり秩序創出の方法として、ホッブズの社会契約に類する行為が必要であるとの認識では、強力な国際連盟の創設を願った人々と、モーゲンソーとの間で一致していたのである。ただモーゲンソーが代表する現実主義は、超国家権力の創設は不可能な命題であり、不可能な命題のために国益に反した政策を追求することはかえって危険であるという点で、彼が「理想主義」と呼んだ者たちと離れるにすぎないのであった。

このような状況において、国家主権は国際社会の構成原理を示す原則としてではなく、国際社会を不可避的に絶え間なく戦争が起こる「自然状態」に陥らせてしまう要因として、強く認識されるようになった。国家主権のために国際社会は安定的で平和な秩序を維持することができないと考える点では、「理想主義者」も「現実主義者」も、一致していたのである。国内を対象とする政治思想の分野では、国家主権とは、仮に抑圧的になる危険性を持っているとしても、基本的には秩序の維持に資するものとして考えられた。それに対して、両大戦間期の政治状況に大きく規定された議論の枠組みから始まった国際関係学においては、国家主権はむしろ国際的な無秩序状態の原因だとみなされるようになったのである（Wight 1979, 101 ; Dickinson 1926）。

これに対してヘドリー・ブルは、「国内的類推」を論駁し、国際関係がホッブズの自然状態だけでは理解できないことを示そうとした。ブルは、「理想主義者」および「現実主義者」が共有していた「主権国家がある限り国際社会は無秩序である」という前提を、拒絶しようとしたのだと言える。主権国家からなる国際社会にも独特の秩序があることを論証するため、二〇世紀の国際関係学に与えられた歴史的な経緯による規定から、国際社会や国際秩序の理解を、そして国家主権の理解を、解き放とうとしたわけである。ブルによれば、（国際社会の段階にまで至らない）近代国際システムでさえ、産業や法的・道徳的規則が介在するという点で、ホッブズの自然状態とは異なる。また世界政府だけが国際秩序の源なのではなく、ブルがアフリカの無政府社会について参照して強調したように、秩序は慣習などによっても形成される。ブルによれば、国際関係は、ホッブズというよりもロックの自然状態、すなわち最低限の秩序が見出せる自然状態に類似しているという。さらにブルは、人間と国家の間には、比較の対象にできるような類似性はないとする。たとえばホッブズは最弱者でさえも最強者を襲って殺害することができるような状態を、自然状態と考えているが、国家の間には甚大な力の格差があり、そのような前提は成り立たない（Bull 1977, 46-49）。ブルはこのように論じることによって、国家主権の肯定・否定が、国際秩序の肯定・否定と同一視されるかのような思潮を一新しようとしたのであった。

ブル以降の時代の国際関係学では、政府なき社会の秩序を解明するという問題関心が全面的に現れてくることになった。一九八〇年代には国際社会内の諸制度に着目する**レジーム理論**（regime theory）が台頭した(Krasner 1983)。冷戦が終結した後の時代には、さらに国境を越えた統治のあり方を議論するグローバル・ガバナンス(global governance)論が隆盛し、世界政府の樹立を国際秩序の樹立と同義とみなすような風潮は、もはやあまり見られなくなった(Weiss and Gordenker 1996; Väyrynen 1999)。世界政府を設立することの非現実性は変わらず、そのような提案をする者は今日ではほとんどいない。しかしそれにもかかわらず、多くの者が、国際社会に何らかの秩序があると考えるようになった。国際関係学の関心は、国家主権による国際的無秩序にどう対処すべきかどうかという問題から、主権国家が乱立する国際社会でどのように秩序が保たれているのかという問題に、移っていったのである。

4―国家主権の変容

かつては国際的無秩序の要因であると考えられた国家主権が存続しているにもかかわらず、何らかの国際秩序があると考えられるようになった。その変化を可能にしたのは、国家主権概念の変化であろう。実際のところ、国家主権が様々な挑戦を受けているため、衰退しているとの議論が多く起こってきた。特に冷戦終結以後の国際情勢の変化を、国家主権の衰退という形で理解しようとする動きが目立った。国家主権の衰退論は、近代主権国家の特性と考えられたものが、もはや主権国家の独占物ではないとの観察から、導き出されるのである。

第一に、主権国家が実力において他の行為者を圧倒しているとの前提は成り立たないと感じられるようになった。たとえ大規模な軍事力や経済力を保持する大国であっても、拡大する世界大の市場経済の動きをコントロールすることはできないという点が、しばしば指摘された（Strange 1996）。経済分野において主権国家の卓越を脅かしているのは、国際的資本を持つ多国籍企業であり、投機的な理由で膨大な資金を動かす投資家たちであると言われた。また「破綻国家」と言われる諸国が出現し、国家としての立法・行政・司法の機能を営むことすら困難な状態に陥っている国家が数多くあるとも指摘された。

第二に、国際社会の主要な関心である戦争と平和の問題に関しても、主権国家間の戦争の数が相対的に減少し、代わって国家内部の戦争が深刻な国際問題となった。もちろん主権国家間の戦争が皆無になったわけではない。しかし一九九一年の湾岸戦争に象徴された冷戦以後の世界にあっては、大国が協調して国際紛争に対処する構図ができあがり、少なくとも大国の間の戦争の可能性は大きく減退したのであった。ところが国際協調によって逆に一致して頻発する内戦に対応することを迫られた諸大国にとって、主権国家以外の行為者によって行われている戦争を防止し、管理し、さらに紛争後地域の復興にあたることが重大な問題となったのである。

第三に、主権国家が平等であるという教義は、こうした国際情勢を受けて、以前よりもいっそう形骸化していった。紛争後の社会に国連などの組織が大々的に介入し、場合によっては相当程度の統治行為を行うことも、珍しくなくなった。しかも国際機関が統治行為を終了した後も、国際社会が脆弱な現地政府を手助けするために関与し続けることが普通となった。一九九二〜一九九四年のカンボジア、一九九五年以降のボスニア＝ヘルツェゴビナ、一九九九〜二〇〇二年の東チモール、一九九九年以降のセルビア＝モンテネグロ連邦内のコソボ自治州、加えて二〇〇三年以降のイラクなどで行われてきた国際組織あるいは占領国による統治行為は、主権国家が平等であるという教義を厳密に考えている場合には、決して理解することのできないものであった。

第四に、地域紛争において民族的熱情が重要な要素になっているとしても、それは近代主権国家モデルが想定するような国民国家（本書第3章参照）のナショナリズムではなく、むしろ国民国家のほころびから生まれてくるような少数民族のナショナリズムであった。また民族以外の要素である宗教的対立や、より政治的な敵対関係などが、紛争の温床となっていることも少なくなかった。

第五に、これらの諸点の当然の帰結として、国家制度と一致する民族的統一性を前提にした国民国家の擬人化は、支配的な思潮とは言えなくなっていった。経済的に発展した欧米・東アジア諸国では、経済的利害関心を媒介にした国境を越えたネットワークが、国民国家の紐帯を相対化していった。またアフリカや中央アジアなどの地域を中心にして、内部に深刻な民族的・宗教的・文化的な分裂を抱えている国家が多々あることが明らかになり、国民国家モデルを達成あるいは維持できない諸国が多く見られるようになった。国民国家のそれぞれが別個の独立した人格を持っているという前提が法的擬制でしかないと感じられる度合いが、著しく高まることになった。

もっともこれらの主権国家の衰退論は、もともとアメリカやイギリスなどの自由主義を標榜する欧米諸国の知識人たちによって唱えられていたものであった。そのため二〇〇一年九月一一日テロ事件によって「世界が変わった」との言説が同じアメリカを中心とする諸国で語られるようになって以後は、主権国家衰退論はあまり語られなくなったようにも見える。少なくとも二〇〇一年のテロ以降のアメリカでは、むしろ国家の一体性を情緒的に訴える思潮が支配的となったからである。

より学術的なレベルで考えても、主権国家衰退論は、意図的な誇張の側面が強かった。そもそも人類の歴史の中で、国家が世界中の経済活動を自由に支配していた時代などは存在しない。常に国境を越えた私企業・組織の経済活動や、国家間の相互依存関係などは存在した。また今日「破綻国家」と言われている国家のほとんど全ては、脱植民地化の過程か、あるいは冷戦終結時のソ連を中心とする旧共産圏諸国の崩壊によって生まれた。つまり「破綻国家」のほとんどは、以前には植民地支配を受けていたり、大国家に属していたりして、独立国家としての体裁を持っていなかった、新興独立諸国なのである。これらの新興独立諸国の統治能力が低いからといって、「一七世紀から続いたウェストファリア体制が揺らいでいる」などと論じるのは、いささか錯綜した態度であろう。統治能力の低い地域においてすら、主権国家の体裁を維持させることが最大限尊重されていることに着目し、むしろ主権国家体制の規範の広がりを論じることすら可能だと思われる。

国家主権が全能の力を意味するとの仮定から出発する議論は、必ず国家の衰退の結論に達する。なぜなら国家にそのような全能の力などがないことは明らかだからである。実のところ全能の力を持つ国家などは、歴史上存在したことがなかった。少なくとも全ての国家が全能の力を持っていた時代などは、存在したことがなかった。さらに言えば、そのような時代は、想像することすら困難である。したがって問題とされるべきなのは、今日の主権国家の衰退ではなく、全ての主権国家が全能であった時代がかつてあったなどと歴史的な裏づけなく思い込むような態度なのである。

世界経済を支配できなかったり、軍事的能力が劣っているからという理由だけで、主権国家が衰退したりはしない。主権とは国家の国家としての地位を表現するための概念であり、国家の国家としての存在と不可分の関係にある。今日の国際社会では、主権を持たない国家は、国際社会の意味する国家ではないと考えられるのであり、実力の程度にかかわらず国家としての特別の権利・義務を認められてさえいれば、主権国家であると認められる。もちろん一九三三年の「国家の権利義務に関するモンテビデオ条約」第一条に規定された、永久的住民、明確な領域、実効的支配を及ぼす政府、他国と関係を取り結ぶ能力、を持つ法人格としての国家の要件を満たさずして、主権だけを与えられることはほとんどありえない（大沼 二〇〇七、八二頁；藤田 一九九二、一四五―一四六頁）。これらの要件が欠落して、国家が国家として存在しえなくなることも、当然ありうる。しかし十分に排他的ではないとか、絶対的ではないなどという理由で、主権国家から主権を剝奪するような事態を、今日の国際社会は全く想定していないのである。

5―現代国際社会における国家主権の意義

本章では、国家主権が多様な意味内容を帯びながら、変遷する国際社会の中で重要な地位を占めてきたことを確認した。国家主権概念の多様性は、その息の長さの理由でもある。もし常に国家主権の概念が、絶対不可分の至高権力や独立ということだけを意味するのであれば、主権は存在するか、存在しないかにすぎなくなる。なぜなら主権の程度や曖昧さは、議論の対象となりえなくなるからである。「内的主権」は制限されるが「外的主権」は制限されない、などといった議論も、その逆を信奉する議論と同じように、絶対的な主権の領域を保持しようとする点で、二者択一的な問いを迫るものだと言えるだろう。そのとき国際社会も、国家の絶対的かつ不可分の至高権力・独立を認める社会になるか、そうでなければ国家主権の原則を否定する社会になるかの二者択一を迫られる。主権概念が持つ意味内容の幅を認めないのであれば、国際社会は主権国家に完全に依存するか、国際社会は存在しないかの二つの選択肢のどちらかを選ばなければならないことになる。

しかし国家主権がそのような絶対不可分の至高権力・独立であると主張することは、一つの学説以上の意味を持たない。そのようなものは実際には存在し得ず、現実との接点を持たないという批判や、あるいはより変則的で多様な主権に関する議論などが、実はこれまでも数多く生み出されてきた（Shinoda 2000, Ch. 2）。たとえ国家主権が国際社会の支柱をなす原則であることを認めるとしても、ただちに主権国家に万能の特権を与えなければいけないわけではない。伝統的な国際社会論者は、国際社会における主権国家の権限と、他の行為者の持つ役割との違いを重要視し、仮に後者が国際社会に参加できたとしても、前者のように真の構成員となることはできないと論じた。しかしこれは、実際には程度の問題だとも言えるだろう。数々の規則・制度を組み込む現代国際社会においては、主権国家といえども、自己の意思のみを絶対視するような神的な存在ではない。重要なのは、主権国家は衰退しているか否かといった二者択一的な問いかけに答えることではなく、国家主権などの原則の意味内容を定めている背景を探究することなのである。

国家主権は、国際社会の進展を映し出す鏡のようなものだ、と考えることができるだろう。国際社会全体が絶対的性格の強い国家を求めているときには、そのための理論的基盤を提供するように、国家主権は解釈されるだろう。しかし複雑化した現実と、国家の主要な役割との整合性を持たせなければならない場合、国家主権はより修正的に解釈されることになる。二百近くに数を増やした主権国家がそれぞれ絶対的であると考えることは、ウェストファリア条約で生み出された百余りのドイツ弱小諸侯たちが全て絶対的だったと仮定するのと同様に、現実的ではない。しかし同時に国家主権原則を完全に放棄した新しい国際社会が近未来に生まれると仮定するのも、現実的ではないだろう。

超大国が自国の主権を強調する「一国主義（unilateralism）」的な傾向を高めているという実情がある一方で、数多くの国家が形式的にのみ国家主権を持っていることが問題となっている（Jackson 1990；Inayatullah and Blaney 1995）。現代国際社会では、依然として力の論理によって国際秩序を維持しようとする超大国が存在している一方、国際援助を受けながら、主権国家としての体裁を整えることに専心する国家も存在している。カンボジアや東チモールでの国際平和活動に示されるように、場合によっては国際社会が主権国家を作り出し、維持する作業に直接的に関わっていくかもしれない。現代世界においては、主権国家が国際社会を作り出すだけではなく、主権国家が国際社会に依存する事態も起こっているのである。このような状況を異常と考え、主権が絶対的な権力を意味すると考えるのであれば、多くの国々は主権国家ではないと宣言するしかない。そして真の主権国家は一国だけであるか、もう少し多いか、あるいは一国も主権国家ではないかと思案しなければならない。しかし今日の国際社会は、そうした判断をするための価値基準を持っていない。国際社会は多くの場合、むしろ変更すべきは、主権概念の方だとみなすのである。国際社会の主要な行為者としての主権国家は、他の主権国家だけではなく、国際社会の他の行為者と密接な関係を持っている。そして国際社会全体の価値・原則・制度の網の目の中で、国際社会に支えられながら、存立しうる存在なのである（篠田 二〇〇〇a）。

結局のところ、現代国際社会において国家主権という価値規範が持つ意義は、国家という存在を、国家という存在として、他の存在から区分する機能にあるのだと考えることができる。果たして主権国家とは何か、主権国家がどのような力を持っているかと問いかけることは、現代の多様な主権国家を一般化して論じることの困難を前にしては、破滅的なことだと言えるだろう。国家と呼びうる存在を識別し、主権として総称されるような国家に与えられるべき権能を認め、国家間関係や国家と他の行為体との関係を発展させていく、国際社会に内在する実際的な要請を無視することは、簡単にはできない。国家主権はそこに存在しているから信奉されるのではなく、必要だから信奉されるのである。

国家とは、国家としての存立を主張し、そのように認められた政治共同体のことである。主権とは、現実に何を意味するかにかかわらず、国家として認められた政治共同体に付与される権能のことである。巨大な力を持つ国家が国際社会で独善的に振る舞うからといって、それが国家主権によって引き起こされたものであるかのように誤認してはならない。国家の力の度合いや、行動の形態は、国家主権などという原則とは無関係に決まる。本当に独善的な国家は、主権の称号を剝奪してみたところで、依然として独善的に振る舞うだろう。

しかしそれでも国家主権が国際社会の構成原則として認められ続けているのは、国家が主権と呼ばれる特別な権能を持った存在として他の政治共同体と区別されるからであり、国際社会にはそのような特別な権能を持っている政治共同体の存在を認める必要性があるからなのである。つまり主権とは国家の属性であり、主権概念が国家を生み出したり消滅させたりするわけではない。

国家主権によって表現される国際社会の秩序維持機能が、限界を持っていないわけではない。国家主権原則なき世界を構想することも、長期的な視野に立てば、有意義なことかもしれない。主権国家と呼ばれる存在をなくした世界を構想することすらも、一つの思考の訓練としては意味があるかもしれない。しかし現実の国際社会が国家主権と呼ばれる原則に依拠することによって、世界大の規模で秩序を維持する方法をとっている以上、われわれはそのことを踏まえて自らの生き方を模索していかなければならないのである。

第3章　国民国家

「国民国家」の原則は、近代西欧における国民意識の高揚によって引き起こされた比較的新しい政治理念である。しかし西欧の植民地主義・帝国主義に対抗する運動が非西欧地域に広がるにつれて、非西欧地域においても標榜されていくようになった。なぜなら西欧諸国に対抗するためには、主権を持ち、独立した「国民国家」としての形態を獲得することが、有効であったからである。したがって「国民国家」原則の普遍化には、西欧諸国の帝国主義的膨張によって形成された側面と、非西欧諸国の反帝国主義的な対抗運動によって形成された側面とが、混在している。今日の国際社会においても、複雑な要素を内包したまま、「国民国家」は普遍化された一大原則として確立されている。一方における植民地主義・帝国主義の否定と、他方における国際社会による介入主義的行動も含む支援活動の肯定との間のバランスの上に、今日の「国民国家」原則は維持されている。

1――国民国家の地位

国際社会の主要な構成者は、国家と呼ばれる存在である。この現代国際社会の国家なるものは、実は歴史的な特性を持っている。近代以降に確立された諸原則が、現代の国家の性格を決めているからである。典型的な例が、近代に勃興した**ナショナリズム**が生み出した国民国家原則である。近代以降の国家は、「**国民国家**（**民族国家**、nation state）」であるという前提の上に存在している。もちろん「国民（民族、nation）」について厳密な定義づけを行うことは、簡単ではない。また現代世界の国家の多くは、「国民国家（民族国家）」の体裁を保つことに困難を持っている。しかしそれにもかかわらず、国家と呼ばれる存在は、自動的に「国民＝民族」によって形成されている政治共同体だという前提がある。それはある種の政治的信念によって成立している前提だが、しかし確かに現代国際社会の一支柱を構成する前提なのである。*

＊　一般に日本語で「国民」とは、ある一つの国家に属する人間集団のことを指す。これに対して「民族」とは、多くの場合、人種的同一性を基盤として一つの社会的基盤を共有する人間集団のことを指す。両者は日本語では区別されるが、英語を始めとする欧米語ではともに“nation”と表現される。国際社会の標準は、欧米語によって形成されているので、国際社会において日本語の「国民」と「民族」に対応する語はないわけである。ま

たさらに事情を複雑にするのが、「国民=民族」は一つの政治共同体を構成していることが前提となっているため、欧米語における“nation”の概念がしばしば「国家（state）」と同義で用いられてしまうことである。なお英語の“ethnicity”は、人種的な相違に応じて区分される種族集団を表現するために用いられる。しかし明確に一つの社会集団を構成していない場合にも使われるため、日本語の「民族」とはやはり異なる意味を持っていると言うべきであろう。「国民」「民族」「国家」の相違を、日本語の枠組みの中で思索した上で、国際社会にあてはめようとすることには、一定の限界がある。国際社会は、それらの語に対応した概念区分を標準にして動いていないからである。本章ではこのような概念上の問題を意識化するために、あえて意図的に「国民」を「民族」あるいは「国家」と置換できるようなものとして取り扱う。もっとも「国民=民族=国家」としての“nation”の概念が生まれたのが、近代以降の時代であることも確認しておかなければならない。

国家を構成するのは「国民」であるというのは、どういうことだろうか。それは国家が単に君主や行政機構などによって作られているのではなく、国家の領域内で生活する人々全員によって作られているということである。ただし国民国家の原則は、全ての住民が政府の意思決定に参加していること、つまり民主主義の何らかの形態をとっていることを、必要としない。国家が国民である人々全員によって作られているということは、様々なやり方で主張されるからである。むしろ国家が存在している以上、そこに居住する人々が「国民」と呼ばれる国家の構成者とみなされるということは、国際社会が標榜する原理なのであり、国家内部における一般民衆の地位には左右されないのである。

国民（民族）国家の原則は、国際法においては、**民族自決権**（national self-determination）として表現される。アメリカのウッドロー・ウィルソン大統領が第一次世界大戦後のパリ和平会談において持ち出したのが、民族自決であった。ウィルソンは、世界に平和的な秩序をもたらすために、敗戦した同盟国側の帝国を解体して、他民族の支配に服していた民族に政治体制を自ら決めさせようとしたのであった。もっともウィルソンは、戦勝国側で帝国支配に服している少数民族に自決権を与える意図は持っていなかった。基本的には、敗戦国側の帝国を解体するという戦後処理の方法として、民族自決権が求められたのであった。

第二次世界大戦後になると、より明確に国際法の重要原則として民族自決権が導入されるようになった。ただし実際の国連憲章で用いられたのは、「人民（people）の自決」という表現であった。確かに国連（United Nations）の加盟国が“nation”として呼ばれるとすれば、国家形態をとる以前の人間集団を“nation”と表現することは不適切だということになるかもしれない。「民族（nation）」を認定する際の困難を考えて、必要以上に既存の政治体制を不安定にさせないという配慮もあったかもしれない。「人民」であれば、あらゆる人間集団が該当すると考えられるので、政治的裁量の余地が確保できるからである。

ただし二〇世紀後半の**脱植民地化**の過程において、人民の自決の権利は、植民地解放を正当化するために用いられるようになった。すなわち異民族の植民地支配に服していた民族が国家として独立することを促進する原則であると解釈されるようになった。もともと政治学者であったウィルソンは、人民の権利にもとづく代議制政治を中心とした立憲政治を理想としていた（Wilson 1908）。しかし脱植民地化を通じて国際法の中に確立されていった民族自決の原則は、どのような政体が独立によって作られるかは問題にせず、とにかく異民族による植民地支配は許されないという思想を表現するものとして声高に叫ばれるようになったのである。

一九六〇年に国連総会で採択された「植民地諸国およびその人民に対する独立の付与に関する宣言（植民地独立付与宣言）」は、「あらゆる形態の植民地主義を速やかにかつ無条件に終わらせる必要」を宣言し、「すべての人民は、自決の権利をもち、この権利によって、その政治的地位を自由に決定し、かつ、その経済的、社会的および文化的発展を自由に追求する」として、国連憲章に規定されている「人民の自決」は植民地主義を否定するとの解釈を確立した（大沼 二〇〇七、八二頁）。また一九六二年に国連総会で採択された「天然資源に対する恒久主権に関する決議」は、「天然の富と資源に対する恒久的主権に関する人民及び民族の権利」を宣言し、「人民」と「民族」が同義であることを強調しつつ、さらにその自決権に由来する民族主権が、天然資源という経済的領域の問題にも及ぶことを表明し、脱植民地化の流れに大きな影響を与えた（大沼 二〇〇七、四六二頁）。一九六〇年代から七〇年代にかけて、実際に石油開発事業の強制的な国営化などが実施された。これには独立後も法的には資源開発の権利を持っているはずの多国籍企業が反発し、その後ろ盾である先進国の政府が反発した。しかしそれでも通常の場合、問題解決は、適当な補償金の支払いという形でなされていくことになった。つまり独立にあたっての国家の強制的国営化の権限自体は先進国も認めざるを得なかったのであり、条件闘争として正当な補償を求めたに過ぎなかった。

さらに国際慣習法として認められている、一九七〇年に国連総会が採択した「国際連合憲章に従った諸国間の友好関係および協力についての国際法の原則に関する宣言（友好関係原則宣言）」は、「人民の同権および自決の原則」を、武力行使の禁止や内政不干渉と並ぶ国際法上の主要原則としてあげ、「すべての人民は、外部からの介入なしにその政治的地位を自由に決定し、その経済的、社会的および文化的発展を追求する権利を有し、いずれの国も、憲章に従ってこの権利を尊重する義務を負う」と宣言した（大沼 二〇〇七、四二頁）。このようにして国連憲章で「人民の自決」という曖昧な表現で規定された原則は、脱植民地化の流れの中で民族自決権として解釈され、国民国家原則を補強する国際社会の一大原理となっていったのである。

しかし今日の国際社会において否定されることのない確固たる地位を築いた民族自決権および国民国家原則は、実際には常に問題なく適用されているとは言えない。たとえばセルビア共和国内のコソボ自治州は独立闘争を長く続け、一九九九年の北大西洋条約機構（NATO）による空爆とそれに続く国連コソボ暫定行政ミッション（UN Mission in Kosovo：UNMIK）以来、セルビア共和国政府の統治が全く及ばない地域となった。そこでコソボの人々は、セルビア共和国内に存在しながら、国連の暫定統治下で自治政府を持つという、変則的な状態に置かれ続けている。さらにヨーロッパではバスク人が、ロシアではチェチェン人が、中国ではチベット人が、中東ではクルド人が、ミャンマーではカレン人が、独立を求めて中央政府との間で紛争を起こしてきた。このような状態が起こるのは、一般論として民族自決と国民（民族）国家の理念が普遍的原則としての地位を持っているとしても、客観的に認定できる

「国民＝民族」の基準がないために、どの人間集団の単位が自決権を持つ一つの民族として認められるかを機械的に判断することができないからである。「国民＝民族」の問題は、自決権が普遍的原則として認められるようになったがゆえに、さらに一層複雑な様相を呈するようになったのだと言えよう。

2―国民国家の思想

すでに見たように、国民国家原則が国際社会の一支柱として認められるようになった背景には、近代におけるナショナリズムの勃興があった。国民と呼ばれる集合的人格が、実体を持つ存在であり、その存在に国家を形成する排他的な権限が宿っているという思想は、近代以前には見られなかったものである。それはフランス革命を契機として、ヨーロッパ全域に広がり、そして世界に広がっていった思想である。

たとえば一七世紀にホッブズが『リヴァイアサン』で描き出した国家像は、一つの人工的人格を持つものとして想定された。ローマ帝国の時代から、国家の法的人格の概念が法体系に取り入れられたことはあったが、国家が一つの人格を持つ人工的人間であるという考えが、ホッブズ以前にそれほど明快に述べられたことはなかった。しかしそれにもかかわらず、あるいは国家が「人工的人間」であるとしか想定されていないがゆえに、ホッブズの『リヴァイアサン』には、「国民＝民族」と呼びうるものは存在していない（篠田 二〇〇七a）。ホッブズの国家は、自然状態において互いに反目しあった諸個人が、自己保存の利益から社会契約を通じて作り出したものに過ぎなかった。つまり人民の一体性を前提にした「国民＝民族」は存在せず、ただ国家の設立を要請する諸個人がいるだけなのであった。

これに対して一八世紀以降の政治思想あるいは国際関係思想で見られる“nation”の概念は、政治共同体内部の構成員の有機的な一体性を前提としていた。つまり「国民＝民族」は、単なる諸個人の集積ではなく、一つの固有の人格を持つ存在として考えられるようになった。そしてこれによって、あたかも諸個人が集まって政治共同体の社会を形成するように、複数の「国民＝民族＝国家」が集まって「国際社会」を形成しているのだという、「国内的類推」（本書第1章第3節参照）の発想が広まっていくようになったのである。

すでにふれたように、エメール・ヴァッテルは、一七五八年の『諸国民の法』において明確に「国民＝民族」と「国家あるいは政治体、結合して一体化した人々の諸社会」を同一視した。「国民＝民族」は独自の理解力と意思を持つ人格であり、自然に自由で独立している人々によって構成されている。特徴的なのは、ヴァッテルが国家内部で生きる自然人との類比で、「国民＝民族」を自然状態で共に生きる多くの自由な人格と表現したことである。諸国民からなる「自然的な社会」において、「国民＝民族＝国家」は、常に独立していて、主権を保持しているものなのであった（Vattel [1758] 1995, 1）。

一つの人格として固有の意思を持つ「国民＝民族」が、実際にその意思を表明すべく現れたと考えられたのは、**フランス革命**においてであったと言ってよい。フランス革命では、国王に対する革命を正当化するために本来的に主権を持つとされた「国民＝民族」は、なかば神格化された絶対的な存在として現れたのである。フランス革命の成功によって一七八九年に宣言された「人および市民の権利宣言」は、第三条で「あらゆる主権の原理は、本質的に国民（nation）に存する。いずれの団体、いずれの個人も、国民から明示的に発するものでない権威を行い得ない」（高木・末延・宮沢 一九五七、一三一頁）として、革命が国民主権によって正当化されることを表明した。

このようなフランス革命の思想は、イギリスの名誉革命には見られなかったものである。ホッブズやロックといった、自然権を基礎にした議論を展開した思想家たちも、「国民＝民族」という概念を持ち出すことはなかった。「人および市民の権利宣言」の中で「国民＝民族」の主権が位置づけられ、団体や個人が持つ権利は国民主権に由来するものであり、その逆ではないと宣言されたことは、その後のヨーロッパの大陸思想に、英米的な個人主義思想とは異なる際立った特徴を形成していくことになる。主権者としての「国民＝民族」という至上の地位を持つ特別な集合実体の思想は、フランス革命によって生み出されたものであった。そしてその「国民＝民族」が、一九世紀初頭までにナポレオンによる革命思想の伝播によってヨーロッパ全域に伝えられ、二〇世紀には全世界に広まっていくことになるのである。

フランス革命に先立って『社会契約論』を著したジャン＝ジャック・ルソーによれば、社会契約を結ぶと各人はそれぞれの「特殊な自己」に代わって、「一つの精神的で集合的な団体」をつくり出し、「一般意思」の指導の下におかれる。「すべての人々の結合によって形成されるこの公的人格」は、「都市国家（Cité）」「共和国（République）」「政治体（Corps politique）」「国家（État）」「主権者（Souveraign）」「国（Puissance）」「人民（Peuple）」「市民（Citoyens）」「臣民（Sujets）」という名前を持ち、これらの全てである（Rousseau [1762] 1968〔邦訳、三一頁〕）。ルソーは"nation"という語を用いなかったが、この「公的人格」こそが、革命において「国民＝民族」に帰せられた包括性を用意したのであった。ルソーの理論を援用すれば、社会契約によって各人は政治共同体と完全に一体化し、「国民＝民族」という全てを含みこむ存在へと昇華する。「人および市民の権利宣言」で宣言されたように、そこでは国家以外の中間的な団体や個人は、「国民＝民族」に従属するものでしかなかった。

フランス革命史においては、「国民主権」を謳う「人および市民の権利宣言」や「一七九一年憲法」、さらには「ジロンド憲法草案」が「ブルジョワ的」であり、「人民主権」を謳うジャコバン派の「一七九三年憲法」がより急進的な「人民主権」思想を持っていたとされる。革命以降の政治思想史の文脈では、穏健でブルジョワ志向の強い「国民主権」が、急進的で民主政志向の強い「人民主権」と対立するとされた。国内における「国民＝民族」の概念は、国王から主権を奪い去る革命を擁護すると同時に、権力者と敵対する「人民」とは区別された。つまり、より包括的な概念である「国民＝民族」は、人民と同時に、権力者をも含みこむ共同体全体を意味した。そのため「国民＝民族」は、「人民」よりも穏健で現状維持的な含意を持つことができるのであった。

「国民＝民族」という全ての社会構成員を含みこみ独自の「意思」を持つ存在は、一九世紀のドイツ法哲学において大々的な発展を遂げた。G・W・F・ヘーゲルに典型的に見られるように、主権を持つ「人民（Volk）」は、「全体」においてのみ主権者として現れるものであり、それだからこそ「国家（Staat）」と同一視されるべきものであった（Hegel [1821] 1991, 287）。そこで「国民＝民族」の一部あるいは頭として権力を行使する君主の存在に具現化されて表現されることさえもできたのである。革命が起こらなかったドイツでは、「国民＝民族」国家の思想は特に保守的に機能し、権力者が大衆操作を図るためのイデオロギーとしても働いたわけである。

ヘーゲル以降のドイツを中心とするヨーロッパでは、「国民＝民族」を物象化して把握する、すなわち実体のある存在と考える傾向が強まった。国民を生きる実体として考えるため、その生態について分析しようとしたり、イギリス国民なりドイツ国民なりの人格的特徴を捉えようとしたりする議論が隆盛した。たとえば一九世紀半ばの著名な法学者であったヨハン・カスパル・ブルンチュリは、やはり「国民＝民族」が単なる個人の集積ではなく、組織化・秩序化された全体性であり、国民＝民族＝国家は一つの人格を持つことを強調した。ブルンチュリによれば、この国民＝民族＝国家という人格は、有機的性質を持ち、道徳的・精神的な統一性も持っているのであった（Bluntschli 1852, 20-24）。さらにブルンチュリは、イギリス人やアメリカ人にとって国家は個人の福利を増進させるための手段でしかないが、しかし実際には国家はむしろ目的そのものなのだと主張した。そして国家によって実現される目的の内容を、国民＝民族的な能力を発展させ、国民＝民族的な生活を完成させることであるとした。法や制度が国家を作るのではなく、国民＝民族の精神こそが、国家を国家として存立させるものなのであった（Bluntschli 1886, 115）。

このように国民＝民族＝国家の擬人化を前提として、その精神性を強調する思考様式は、同じ西欧諸国の中でも、個人主義が徹底していた英米諸国ではあまり定着しなかった。しかし大陸諸国では強い影響力を誇り、フランスもそこから免れることはなかった。たとえば一九世紀後半の著名な思想家であるエルネスト・ルナンは、国民＝民族が「魂と精神の原則」であることを強調した。この「魂」は、過去の共通の記憶と、共に生活したいという現在の願望によって、構成されるとした。ルナンによれば、「国民＝民族」は、過去の栄光の遺産を引き継ぎ、共通の未来への希望を持って自己犠牲を厭《いと》わない人々の一体性のことなのであった（Hutchinson and Smith 1994, 17）。

注意しておくべきは、こうした「国民＝民族」の精神性を強調する見方によれば、国際法によって定められた諸国の平等の理念などは、形式的なものでしかなかったことである。すでに指摘したように、「国家＝民族」の擬人化が、国内社会における諸個人の自由や平等の理念を援用する発想の根拠となり、諸国家の平等や内政不干渉の原則を擁護する基盤となったのは、むしろ二〇世紀になってからのことであった。確かにアメリカ合衆国では独立当初からヴァッテルの影響が強く、諸国の独立・平等を強調する傾向が顕著だった。しかし大国の小国支配が常態であったヨーロッパでは、諸国の独立・平等は信奉されていなかった（Manning 1875, 100–101 ; Oppenheim 1905, 108 ; Dickinson 1920）。ヨーロッパでは、小国の犠牲の上に成立するバランス・オブ・パワーの原理にしたがった秩序維持こそが、抽象的な諸国の平等原則よりも重要であると考えられていたからである。国家平等原則が真に権威を持ち始めたのは、アメリカの参戦によって第一次世界大戦が終結してからだと言えるだろう。

いち早く権利概念を国制に取り入れたイギリスを含めて一九世紀のヨーロッパ諸国では、産業革命の波によって社会構成員間に甚大な経済的な格差が生まれていた。当時のヨーロッパ諸国の国内社会は、いずれも社会構成員間に大きな格差を作る不平等な階級社会だった。伝統的な階級に応じた身分格差とは異なり、社会階層に応じた諸集団が並存していたのではなく、近代化の中で原子化した諸個人が、社会的地位・所得の格差に応じた階級の相違に服するようになっていたのである。しかもそのような社会格差は、時に社会ダーウィニズムと呼ばれた適者生存の法則の名の下に、正当化されることすらあった（Spencer 1868）。もしこのような階級社会を、「国内的類推」の論理で国際関係に援用するならば、帝国主義的膨張を続けるヨーロッパ列強の「国民＝民族」と、その力に服する他の「国民＝民族」との間に明白な格差があることは、つまり帝国主義のイデオロギーを肯定することは、むしろ自然なことだと感じられたはずなのである。「国民＝民族」のそれぞれが固有の人格を持っているということは、諸国民＝民族の平等を必ずしも要請しない。むしろ強者に従う弱者がいることを、あるいは強者の支配下に服してしまう無資格者がいることを、現実にてらして容認させてしまうイデオロギーとして機能しかねないのであった（Treitschke［1897-1898］1916）。

「国民＝民族」の思想は、帝国主義的な支配に対する抵抗の論理として働きうるし、実際にそのようなものとして二〇世紀後半には脱植民地化の流れを加速させた。しかしその一方で、強者による「国民＝民族」間の優劣関係の固定化を助長するものでもあった。後者の方向に進んだ「国民＝民族」思想の一つの極限的な事例が、両大戦間期に国際連盟秩序の転換を訴えて苛烈な民族主義政策をとったアドルフ・ヒトラーのナチス・ドイツであった。現代の国際社会が持っている「国民＝民族」の概念は、こうした特定人種の優越性を認めてしまう「国民＝民族」思想を許さない。しかし二〇世紀前半までの世界では、必ずしもそのような方向でまとまっていたわけではなかった。われわれが持っている「国民＝民族」の概念は、歴史に大きく規定されているのである。

3—非西欧地域のナショナリズム

ナショナリズムの研究者たちは、一般に「国民＝民族」の概念が西欧に起源を持ち、近代化の過程の中で生まれたものであることを強調する。しかしそれぞれの視点には、重要な相違が見られる。たとえばアーネスト・ゲルナーの説明によれば、「国民＝民族」概念は、産業化の帰結として生まれたものである。ゲルナーは、ナショナリズムを「政治的単位と民族的単位は同一であるべきだという政治原則」だと定義する。ナショナリズムとは政治的正統性の理論であり、それは原則が破られた際の憤りなどの感情によって促進される。このような意味でのナショナリズムは、農耕社会では生まれ得なかった。身分階層に応じた分化によって、社会が分断されていたからである。これに対して産業化した社会では、分業体制は進むが、平均的な教育水準の改善などもあり、社会の一体性が生み出される（Gellner 1983）。そこで「政治的単位と民族的単位の同一性」、つまり「国家＝国民＝民族」の実現を目指す動きが喚起されるのである。このように説明される「国家＝国民＝民族」意識の進展は、西欧に起源を持つが、産業化の広がりに応じて全世界に広まっていったものだとも説明される。

このようなゲルナーの議論には、ナショナリズムが起こる社会的基盤を理論的に説明した点に意義がある一方で、「国民＝民族」意識の高揚という政治的問題を、社会的・経済的構造に還元してしまって理解するという限界がある。たとえ西欧諸国において先進的に生まれたナショナリズムがゲルナーの説明に適合するとしても、非西欧地域で生まれたナショナリズムは多くの場合、外国勢力に対する反発という政治的理由によって生まれており、必ずしもゲルナーの議論が常にあてはまるわけではない。

政治的事情の社会意識への反映に着目したベネディクト・アンダーソンの『想像の共同体』は、非西欧地域のナショナリズムを視野に入れた議論として考えることができる。アンダーソンの議論にしたがえば、「国民＝民族」とは、歴史的に形成された集合的な意識の産物である（Anderson［1983］1991）。アンダーソンの見方によれば、「国民＝民族」意識は、あくまでも作られるものであり、所与のものとして原初的に存在していたりするようなものではなく、また経済的・社会的発展段階に応じて自然に生み出されるようなものでもない。「国民＝民族」は、近代という歴史の時代状況の中において生まれた。近代社会の政治的状況が、非西欧地域にナショナリズムを注入していったのである。仮にゲルナーの議論が西欧地域でなぜ「国民＝民族」概念が生まれたのかを説明するものだとすれば、アンダーソンはそれが非西欧地域で広まっていく過程を描き出したのである。

一七七六年のアメリカ合衆国の独立宣言以来、一九世紀の中南米諸国の独立をへて、二〇世紀前半の中東欧諸国の独立、そして二〇世紀後半のアジア・アフリカ諸国の独立へといたる流れは、植民地の分離独立、または「多民族」の「帝国」の解体にともなって起こったものであった。特に植民地側勢力による激しい武装闘争をともなったアメリカ大陸諸国やアジア・アフリカ諸国の独立は、宗主国であるヨーロッパ列強への政治的反発を基盤としたものであった。独立闘争が新しい「国家＝国民＝民族」のナショナリズムの存立基盤であるとすれば、その場合の「国民＝民族」は明らかに政治的心情によって生み出されたものであった。

そもそもアメリカ、アジア、アフリカ大陸の諸国は、ヨーロッパ列強によって恣意的に作られた植民地の境界線をほぼそのまま引き継ぐ形で独立した。つまりそれらの諸国の「国民＝民族」の境界は、土着のものではなく、ヨーロッパ列強の意向によって人工的に作られたものでしかなかったのである。アメリカ大陸諸国の場合、植民地時代にヨーロッパから渡ってきた者たちが「国民＝民族＝国家」を形成し、「先住民」の人々は「国民＝民族＝国家」の外部領域に置かれた。「先住民」の人々の「国民化」が進んだのはむしろ最近のことであり、多くの場合「先住民」の人々の文化的独自性の放棄をともなう形で行われている。アジアやアフリカの場合、アメリカ大陸におけるような二重構造はないが、国家を構成する土着の人々の伝統的なアイデンティティが、独立によって確立された「国民＝民族」とは異なる枠組みを持つものであったことは同じである。伝統的なアイデンティティを引き継ぐ集団を「国民＝民族」の基盤とするのは困難であったため、植民地の領域的境界をそのまま踏襲する形で、独立が模索された。ヨーロッパ以外の世界の多くの地域の「国民＝民族」意識は、植民地化や帝国への併合を媒介とした、人工的な枠組みを基盤として生まれたものでしかなかったのである。

そうした場合に、「国民＝民族」意識に、内発的な要素が希薄になるのは当然だろう。独立国は、宗主国に敵対する「反植民地主義」「反帝国主義」の政治的立場を弾みにして、「国民＝民族」を生み出した。宗主国と同等の権利を持つという政治的目的を達成するために、文化的には異質な西欧に起源を持つ「国民＝民族」という政治原理も採用し、国際社会に参入していったのである。非西欧地域の「国民＝民族」意識は、政治的な目標に動機付けられて作り出された。現代国際社会における「国民＝民族」の理念は、相当程度にまで、二〇世紀前半まで存在していた植民地主義あるいは帝国主義を否定するという価値基準の上に成り立っている。

しかし「国民＝民族」が近代西欧に起源を持っており、非西欧地域にその後広まったのだとすれば、近代以前の非西欧地域には本当に「国民＝民族」は存在していなかったのだろうか。答えはイエスであり、ノーであろう。確かに西欧で生まれたような「国民＝民族」という概念は、非西欧地域には存在していなかった。たとえば江戸幕府の下で絶対主義に近い政治体制がとられていた明治維新までの日本においてさえ、「藩」への帰属意識を相対化させるような「国民＝民族」意識が存在していたとは言えない。単なる人種としての日本人を越えた単一の集合的人格を持ち、日本国家と同一化した日本「国民＝民族」の登場は、明治時代の近代化の過程の中で作られたものだと考えるのが適当である。

しかし「国民＝民族」と「国家」を一致させる作業が西欧で始まったということは、決して「国民＝民族」イデオロギーを生みだした西欧文明の卓越性を証明するものではない。力において勝る西欧諸国の影響力が広がり、その力への同調や反発が起こってくる過程において、「国民＝民族」を含む西欧の概念枠組みが取り入れられたに過ぎないからである。したがって西欧で生まれた「国民＝民族」の概念の定義に即したナショナリズムが非西欧地域には存在しなかったとしても、より広い定義でナショナリズムの一種であると理解できるものすらも非西欧地域には存在していなかったと結論づけることはできない。たとえば、仮にナショナリズムを、「ある政治共同体の構成員が、他の政治共同体よりも自らの属する政治共同体により深い愛着を持つこと」、と考えてみるならば、もちろんナショナリズムは近代以前から、世界のあらゆる場所で起こっていたと言うことができる。江戸時代の日本を例にしても、各藩への帰属意識は、一種のナショナリズムのようなものであったと言うことも可能である。

問題なのは、西欧諸国が作り出した「国際社会」の枠組みの中で、ナショナリズムとして理解されるような政治共同体への愛着意識が、「国民＝民族」概念の中に、全て吸収されてしまったことである。一九世紀以降の政治思想が作り出した論理構成では、「国民＝民族＝国家」への愛着意識こそがナショナリズムと呼ばれる政治共同体への愛着意識であるとされた。そしてそこから、政治共同体への愛着意識とは、「国民＝民族＝国家」への愛着意識を意味するナショナリズム以外のことではありえない、という近代的形態のナショナリズムが生み出された。「国民＝民族＝国家」以外の政治共同体は、少なくとも国際社会が最も主要なものとして想定する政治共同体ではないとされてしまったのである。この世界を席巻した近代的ナショナリズムの思想は、西欧における国民意識勃興の結果ではあるが、西欧への対抗運動を展開した非西欧地域におけるナショナリズムを喚起し、世界各地で土着のナショナリズムを再生産し続ける要因となった思想でもあった。

近代的ナショナリズムは、西欧で生まれた国際社会が、非西欧社会を飲み込んでいく過程で、世界大に広まっていった。脱植民地化の中で発現したナショナリズムは、西欧の国民（民族）意識の発揚に影響された人々によって、あるいは西欧の国民（民族）概念の論理にしたがって新しい政治共同体を外部世界と関係付けようとする人々によって、標榜されていった。それは旧宗主国や他の欧米諸国と友好関係を保とうとするか、敵対するかにかかわらず、国際社会で生きていくために必要な思考として、意識的あるいは無意識的に取り入れられていった。

ナショナリズムの世界大の広がりは、国民という概念の広がりを媒介にして起こった。それは政治共同体が西欧で生まれた概念枠組みで整理され、西欧で生まれた国際社会のモデルが普遍的なものとされていく過程の中で、起こった出来事だったのである。

4—国民国家の設立と紛争

ナショナリズムが脱植民地化の余韻の中で唱えられていた時代は、今日では完全に過去のものとなった。現代国際社会で問題になるのは、国家として自律的に機能していくことができない「国民」を、どのようにして安定した「国民＝民族＝国家」の道筋にのせるかということになった。しかし実はそれは簡単な作業ではない。

しばしば冷戦後の時代は国家内紛争（内戦）が多発している時代として特徴付けられると言われる。確かに旧ソ連邦諸国や、旧ユーゴスラビア諸国の内部の武力紛争は、冷戦構造の崩壊を直接的な起因とするものである。しかしアジアやアフリカの紛争には、必ずしも冷戦の終結によって引き起こされたとは言えないものが多い。むしろ冷戦終結によって代理戦争の構図が崩れた場合があるにもかかわらず、実際には紛争の数が増えたことに着目すべきであろう。

アジア・アフリカ諸国で内戦が多発することの背景にあるより根本的な問題は、現在の「国民国家・民族国家」の政治的枠組みに、強固な安定性が見られないことにある。たとえばインドネシアは、長年の解放闘争にさらされた末、東チモールの独立を認めた。ところがインドネシアの中央政府は、さらにアチェなど分離独立を訴える勢力と紛争を続けている。このような状況に陥っているのは、インドネシアという国家全体を包含する「国民=民族」が、決して歴史的・政治的に強固だとは言えないことに関わっている。アフリカの内戦は、ルワンダやコンゴ民主共和国の場合などのように、血縁集団間の確執を背景に持っている場合が多いが、それも国家全体を包含する「国民=民族」の意識が脆弱であることに由来していると言えよう。「国民=民族」は、国家内部の人々の統一性を表現する概念である。しかしそのような概念にもとづいた近代国家制度が、現実的な裏づけのない地域で導入されてしまうと、大きな矛盾が露呈してしまうことになる。

すでにフランス革命における思想対立でも示されたように、「国民=民族」思想は、「人民」の概念などと比べれば、保守的なものとして機能しうる。「国民=民族」という統一的な政治共同体を構成する人間集団が存在していると認識されれば、どれだけ一般大衆の政治参加が進んでいるかにかかわらず、「国民=民族」に対応する国家はとりあえず正当なものだとみなされてしまうからである。「国民=民族」概念が反植民地主義や反帝国主義の文脈で語られてしまうと、権力を握った者が単に「国民=民族」の一部であるという理由だけで正当化されてしまう状況が生まれる。つまりたとえば一般大衆に対して抑圧的な政策を行っている権力者であっても、土着の人間であるというだけで「国民＝民族」を代表しているとみなされるようになり、内政不干渉や民族自決の原理によって自己の圧政を覆い隠すことができるようになってしまうのである。国家に対応する「国民＝民族」の概念は、現状の「国家＝民族」の中に吸収されることを望まない人々の存在を隠蔽する効果を持ってしまうかもしれない。そのような場合には、「国民＝民族＝国家」の原則は、紛争を助長する要因となって働きうるのである。

かつて国家間の戦争が国際社会の主要な問題関心であった時代には、国家間の統合などが戦争回避のメカニズムとして着目された。フランスとドイツなどヨーロッパ諸国の間の平和的関係を築くための欧州共同体（ＥＣ）から欧州連合（ＥＵ）へと連なる統合過程は、その先進的な事例としても着目された。もちろん今日においてもこうした国際統合の試みが持つ意義は失われていない。「国民＝民族」国家を超える政治システムの模索は、過去においてと同様に、現在においても続いている。しかし現代国際社会の最も深刻な問題は、「国民＝民族」国家が敵対して起こる紛争ではなく、「国民＝民族」国家の形式的枠組みが存在しているにもかかわらず、その実質がともなっていないために、あるいはそれが不正を覆い隠すことに使われているために、起こってしまっているような紛争なのである（Kaldor 1999）。「国民＝民族」の存在を所与のものとみなしつつ、それを一律に善とみなしたり悪とみなしたりするような態度は、現代国際社会の問題に応えられる態度だとは言えない。「国民＝民族」国家がほとんど成立していないような状況に対応すること、「国民＝民族」国家が適正に機能していないような状況に対応することが、求められているのである。

あるいは現在の世界の状況は「国民＝民族」国家の原理が、ほとんど破綻していることを示しているのかもしれない。しかし確立された「国民＝民族」国家の原理を無視して問題の解決にあたることも、現実的な方策とは言えない。たとえ多くの地域で「国民＝民族」国家が失敗しているとしても、原理としての「国民＝民族」を否定することは、国際秩序に甚大な悪影響を与えかねない。なぜなら現存の国際秩序は「国民＝民族」の原理を基盤として成立しており、われわれはこれにとって代わる現実的な国際秩序像をまだ持っていないからである。

完全な「国民＝民族」国家だけで世界が満たされているとは仮定できない一方で、「国民＝民族」意識を捨て去りさえすれば問題が解決するかのように考えることもできない。原則を原則として認めつつ、その範囲内で建設的な解決策を模索することを目指さざるを得ないのである。それが、近代に現れて全世界を席巻した「国民＝民族」思想が現代国際社会にもたらした事態なのである。

5―現代国際社会における国民国家の意義

現代国際社会において「国民＝民族」国家の概念が、国際社会に参入する政治共同体のあり方の一つの指針となっていることは、今日では疑うことができない。このことがまずもって意味するのは、普遍化した「国民＝民族」国家原則とは相容れない**帝国主義**のような理念を再び国際社会が認めることはないだろう、ということである。帝国主義は、二〇世紀初めまでは、むしろ国際社会の有力な諸国が積極的に評価する政治理念であった。しかし「国民＝民族」国家の世界大の原則化は、帝国主義に対するそのような肯定的な態度を不可能にした（第4章第4節も参照）。

「帝国」は、古代ローマ帝国の時代より、必ずしも否定的な含意を持つ言葉ではなかった。高い成熟度の文明を持つ政治共同体が、もともとの領域を超えて直接的支配あるいは間接的影響力を行使することは、その政治共同体にとって誇るべきことであった。中国の歴代の王朝のように、ヨーロッパに起源を持つ国際社会に加わることがなかった地域で「帝国」が重要な政治理念となっていただけではない。近代ヨーロッパにおいても、たとえば「日の沈まない国」大英帝国の栄華は、イギリス人が誇るものであった。第一次世界大戦で崩壊するまでヨーロッパでは、ロシア帝国、オーストリア＝ハンガリー帝国、オスマン・トルコ帝国が勢力を誇っており、それらは明らかに「国民＝民族」国家とは相容れない王朝支配の多民族帝国であった。

ドイツ帝国はドイツ人のナショナリズムを存立基盤としていたという点で異なっていたが、ドイツ人の居住領域を超えた影響力を行使しうる存在であった。アメリカ合衆国や大日本帝国も、一九世紀末から「帝国主義的」な膨張主義を続けた。当時の時代において「帝国」であることは糾弾されるべきであるどころか、誇るべきことだったのである。また早くから「国民＝民族」国家として機能していたのはヨーロッパやアメリカを中心とする地域の諸国だけだったが、「国民＝民族」概念が帝国主義的膨張を続ける国家において高揚している限りは、ナショナリズムと帝国主義は同一歩調をとった。しかし従来は支配に服していた地域の人々が声をあげて自らのナショナリズムを鼓舞し始めると、「国民=民族」の原則は、帝国主義を真っ向から否定するものとして働くことになるのであった。

このような「国民=民族」国家の原則の普遍化がもたらす最大の意義は、問題解決にあたっての当事者の能力・自覚を高めることであろう。「帝国」は自己の支配下にある地域全てを円滑に監督することを求められていた。一九世紀において「白人の責務（white men's burdens）」として知られていた事情は、「帝国」が本国の国境を越えた政治的責任を持つことを意味していた。今日では、「国民=民族」国家の原則が普遍化しているために、「帝国」とともに「白人の責務」も消滅している。それぞれの「国民=民族」国家が、それぞれの問題を、基本的には自己責任の原則にもとづいて、解決していかなければならなくなった。少なくともそうした考え方が、国際社会における一大原則となったのである。

現代国際社会が掲げている「国民=民族」国家の原則に依拠した「自己責任」の理念は、評価されるべきであろう。ただしだからといって新興独立諸国が、本当に自助能力だけで存立・発展し続けることができると、即断することもできない。現代国際社会において、「国民=民族」国家の原理を尊重しながら、国際協力の名の下に各国が様々な手助けをすることが一般的になっているのは、そのためである。「帝国」の否定の一般原則化と、そこから引き起こされる諸問題を是正するために追求される国際協力の普及は、現代国際社会が模索するバランス感覚の一つの表現なのだと言うことができる。「国民国家」原則は、そのバランス感覚の中で自らの存在意義を確かめつつ、国際社会が標榜する原則としての地位を維持し続けているのである。

第4章　国際組織

国際社会において国際組織は、主権を持つ国民国家が果たしえない機能を果たし、その限界を補足する使命を持っている。かつて表明された国家連合構想の多くは、主権国家を超越するようなものであった。しかし現代世界の実際の国際組織は、主権国民国家を助けるように働き、国際秩序を形作っている。現代の国際組織は、決して国家と対立するようなものではなく、むしろ異なる次元から同じ国際秩序を支えるものなのである。現代国際社会に存在する様々な国際組織は、それぞれの多様な方法で、国際社会に重層性を与える大きな要素となっている。

1―国際組織の地位

本書は、ここまで「国際社会」の全体像と、その主要な構成者である「国家」を構成する原理である「国家主権」と「国民国家」について見てきた。本章では、その主権を持つ国民国家がお互いに協調・統合する動き、あるいはそのような動きを促進する思想に、焦点をあててみる。ここでは国際社会内の諸国家の組織化の動きを総称して、「**国際組織**」と呼んでおく。*

* 日本の国際法学では"international organization"を「国際機構」と訳す場合が多い。ここでは国家間関係を組織するという国際社会上の行為の意味を検討課題とするので、あえて「国際組織」という語を"international organization"に対応するものとして用いている。すなわち国連などの国際機関に関する法を扱う際に、国際法学者が「国際社会の組織化という現象一般」と区別するために「国際機構」という語を用いるのと全く逆の理由で、本章は「国際組織」という語を用いている（渡部 一九九四、一五頁）。

ただし国際組織という漠然とした概念に含まれてくる動きには、様々な形態のものがある。まず思い浮かぶのは国際連合であろう。確かに加盟国の擬似普遍的な広がりから言えば、国連が国際組織の代表的存在であることに間違いはない。しかし実際には、国連もまた他の国際組織と並ぶ一つの国際組織であるにすぎない。また世界保健機関（World Health Organization : WHO）のような専門機関や、国連難民高等弁務官事務所（UN High Commissioner for Refugees : UNHCR）や世界食糧計画（World Food Programme : WFP）などの経済社会理事会補助機関などは、それぞれが個別の国際組織に近い存在感を持っている。ある意味で国連の全体像は、諸々の国際組織が織り成すネットワークの集積体として把握するしかないものである。

他の国際組織のうち、統合度の高いものとしてまず思い浮かべることができるのは、現在のヨーロッパで進行中の欧州連合（ＥＵ）だろう。その他の地域的な国際組織としては、米州に米州機構（Organization of American States : OAS）、東南アジアに東南アジア諸国連合（Association of South East Asian Nations : ASEAN）、中東にアラブ連盟（League of Arab States）、アフリカにアフリカ連合（African Union : AU）がある。これらはいずれも加盟国間の総合的な相互連携を高めることを目的としている。ヨーロッパには旧ソ連地域諸国を含みこむ欧州安全保障協力機構（ＯＳＣＥ）もあるが、主に政治的・法的分野での多国間支援の実施機関として、紛争後地域などで活発な動きを見せている。また北大西洋条約機構（ＮＡＴＯ）のように軍事分野に特化した地域的な国際組織もある。西アフリカ諸国経済共同体（Economic Community of West African States : ECOWAS）は、本来は経済組織でありながら、冷戦終焉後の時代に西アフリカ地域で平和維持部隊を繰り返し派遣し、安全保障分野で際立った実績を残している。中央アフリカ諸国経済共同体（Communauté Economique et Monétaire de l'Afrique Centrale : CEMAC）もまた、同様に経済組織でありながら、平和維持活動も行っている。これに対して、世界貿易機関（World Trade Organization：WTO)、国際通貨基金（International Monetary Fund：IMF)、世界銀行（World Bank）のように、経済問題に特化して広範囲な加盟国を集めている国際組織もある。

このようにしてみると、極めて数多くの多様な組織が国際組織という範疇に含まれているが、何か統一的な「国際組織」の基準があるわけではないことがわかる。それぞれの組織の間に何らかの優劣関係や体系的連携があるわけではなく、お互いが影響を与え合いながら、しかし並列的に存在しているのである。このように数多くの国際組織が生み出され、様々な国際組織が網の目のように世界大に分布しているにもかかわらず、それぞれが個別的な活動を通じて国際社会の性質に影響を与えているという現象は、現代国際社会の一つの大きな特徴である。

もっとも後述するように、国家が基本的な構成単位である国際社会においても、常に国際的な組織化の動きはあった。たとえば歴史的には、今日われわれが連邦制度や帝国主義の形態として理解しているものの中にも、広い意味での国際組織と言いうるものが含まれていた。しかし国家主権と国民国家の原則を維持しつつ、数多くの国際組織が重層的に国際社会の構成要素となっている状況は、現代国際社会に特有なものだと言える。

全世界に網の目を張り巡らせている国際組織のネットワークは、次のような諸点に関して、現代国際社会の支柱を形成する制度だと言える。

第一に、国際組織は、国際社会を構成する諸国家に、目的志向的な集団の枠組みを与える。これによって原理的には排他的な独立組織として存在している諸国家が、共通の目的を持つ場合には団結して行動することができるという、修正的な国際社会の原理が示されることになる。国連やWTOのように機能的目的にしたがって結成された国際組織が、典型的な例である。

第二に、国際組織は、原子論的なイメージでは諸国家が「水平的」に形成しているに過ぎない国際社会（Falk 1959）に、重層的な構造を持つ柔軟性を与える。地域的に形成される国際組織は、国際社会の中に「地域」という構成原理が含みこまれていることを示す。EU、OAS、AU、ASEANのように地域的な結びつきを強化するために結成された国際組織が、典型的な例である。

第三に確認しておくべきは、国際組織は、主権国民国家という擬制が現実には様々な弊害を生み出すことを認めた上で、その擬制を是正するための原理として機能するということである。理論的には、全ての国家は自足的に、したがって平等に、国際社会で存在していることになっている。しかしこれは明白な擬制である。国家間の大きさや能力の格差は甚大であり、しかもほとんどの諸国が、自国だけでは国民の生活基盤を維持することができない。国際組織という複数の国家が集まって行動する原理は、こうした現実の国家間の格差を補うために運用される。

つまり国際組織は、水平的に並立する諸国家によって形成される国際社会に、重層的な構造を与える機能を果たす。もちろん国際組織を構成しているのは国家であり、国際組織は国家を凌駕するものではない。それは正しい指摘である。国際組織は、国家主権や国民国家といった他の国際社会の中心的制度と矛盾せず、むしろそれらの延長線上に位置づけられている。国際組織は国際社会を革命的に変革するものではない。しかし主権国民国家の原理だけでは足りない場合に、修正を行っていくための原理として、重要な地位を占めるのである。

国際社会であれ、村落社会であれ、われわれが生きる現実世界の何らかの社会においては、自然人と社会全体だけが二元的に向きあって並存しているような状況は、あまり発生しない。実際の社会においては、われわれは様々な社会集団を形成し、個人と多様な集団とが重なり合う何らかの社会を形成する。国際社会も同様である。すでに第1章において、普遍的な意味での国際社会には、国家だけではなく非国家アクターも参加していると言えることを確認した。ただ国家主権なりの国際社会の原則を認めない者が、国際社会からは排斥されると指摘した。さらにまた、国家自体も常に必ず原子論的にのみ存在するのではなく、他の国家や国際組織あるいは非国家アクターと、様々な場面で様々な形態で連携していくことができるのである。一定の国際的な規範的枠組みの中で様々なアクターが自由に活動している場こそが、国際社会である。

したがって本章が検討するのは、国際組織というアクターが、国家とは異なるアクターとして、国際社会をどのように変えていくか、といった問題ではない。本章が検討するのは、あくまでも国際組織という制度が、国際秩序に対して持っている規範的な意味である。本章において国際組織は、アクターを分類する際の一つの範疇としてではなく、国際秩序構成原理の一つである価値規範として扱われる。

国際組織、すなわち複数の独立した政治共同体が集まって作り出す組織は、定義次第では極めて新しいものにも、極めて古いものにも、見えてくる。現在の国際法の規則にのっとった意味での国際組織は、一九世紀後半からやっと萌芽的に生まれ始めたに過ぎない。交通・通信・衛生といった、国家間の利益の一致が比較的容易に達成され、問題の解決が技術的に処理できる分野で、国際組織化が起こり始めた。それでは以前には全く国際組織に類する試みがなかったかといえば、そうではない。近代以前に存在していた国際組織に近いものといえば、古代エジプトや古代中国の諸国間の同盟関係や、古代ギリシア都市国家間のアンフィクチオニア会議や一四世紀北部ヨーロッパのハンザ同盟などが、参照されることが多い（最上 一九九六、一〇頁；渡部 一九九四、四二―四五頁）。さらには一三世紀に結成されたスイス州（カントン）連合、一六世紀に結成されたネーデルランド自治州連合なども、いずれもが今日では国民国家化したため目立たないが、設立当初の形態を見れば、それぞれが独特の形態を持ってはいたものの、ある種の国家連合であったことは間違いない。

一般に近代以前の事例が国際組織の範疇から除外される大きな理由は、構成単位が主権を持つ国民国家ではなかったことである。近代国際社会の思考枠組みからすれば、国際組織とは、国際社会の構成員である国家が複数集まって形成するものである。この近代的思考枠組みにしたがえば、どんなに数多くの国家以外のアクターが集まっても、決して国際組織を形成することはできない、ということになる。近代に生まれた主権国民国家の存在が国際組織の認定の要件になるのであれば、どんなに熱心に近代以前の時代に国際組織の存在を見出そうとしても、決して見出すことはできないわけである。逆に言えば、国際組織の存在を認定する要件を修正すれば、近代以前においても国際組織が存在していたことを発見することができるだろう。

構成員が近代的な主権国民国家であることを必須としなければ、複数の独立した政治共同体が集まって形成する組織を国際組織と呼ぶことに、それほど問題はなくなる。人類は、独立した政治共同体を設立・維持するという努力と、それらの共同体間の関係を組織づけるという試みの双方を、行い続けてきた。そのような歴史的視点を持つならば、国際組織（化）（international organizing=international organization）の概念は、むしろ人々が独立政治共同体間の関係を組織化していこうとする志向性を示す価値規範として、定義されるべきものとなる。

しかしそのような広い意味で国際組織を捉えた上で、なお指摘しておかなければならないのは、現代国際社会で実際に共有されているのは、近代国家の存在を前提にした国際組織の概念だということである。良いものであれ、悪いものであれ、主権を持つ国民国家の原則が、現代国際社会を構成する原理となっていることを、われわれは認めなければならない。同時に、われわれの国際組織の概念が、主権国民国家という現代国際社会の原則と密接不可分になっていることも、認めなければならない。つまりわれわれが意識化しておくべきなのは、国際組織という存在自体は歴史的に珍しいものではないとしても、現代国際社会の国際組織の概念は、特殊な歴史的産物だということである。そして現代国際社会は、歴史的に特殊なやり方で、国際的組織化の規範的枠組みを持っているということである。

2―国際組織の思想

それでは現代国際社会に特有の国際組織の思想とは何だろうか。一九世紀に生まれ、現代の国際組織の先駆けとしての地位を与えられる一八六五年の国際電信連合や、一八七八年の万国郵便連合などの例を見てみよう。この時期の国際組織は、決して国際社会の全体構造に大きな影響を与えるものではなく、そのため政治的な意義はあまりなかったと言われるのが一般的である。一九世紀に形成された国際組織は全て、諸国家の国益に直結する分野にはかかわりのないものであった。二〇世紀になると、世界大戦の余波によって、国際連盟や国際連合といった国際社会全体の平和と安全保障の維持を目的とする野心的な国際組織が生まれた。しかしそれはむしろ例外的であるかもしれない。そもそも国際組織が安全保障上の国益に直結する分野で活発に機能することはないとする見方によれば、国際連盟や国連についてさえ、国際社会を根本的に変革する性格は持っていないとされる。

一九世紀は、主権を持つ国民国家のシステムが、急速に整えられ、拡大していった時代である。そのような時代に、国際組織のシステムもまた急速に整えられ、拡大していった。主権国民国家化の現象が進展していった一方で、必要性と可能性に応じて、国際組織化の動きも始まった。このことが意味しているのは、国家の枠組みだけでは完全に処理できない問題があることを諸国は認識し、国際組織の設立によって問題を改善できる場合には、躊躇なく行うということである。もちろん改善できると思えない場合には、国際組織化を行わない。近代国家と近代国際組織のつながりは、単に概念上のものではなく、実際の歴史的事実の進展においても、確認できることである。

近代以前のヨーロッパにおいては、神聖ローマ帝国を中心とする「国際的」または「普遍的」なつながりと、封建領主を中心とした地方の共同体のつながりが並存していた。そうした状況においては、近代的な国際組織は生まれようがなく、また生まれる必要もなかった。当時のヨーロッパの国際組織化の思想は、教皇を中心とした教会組織の普遍性原理か、皇帝を中心にした帝国組織の普遍性原理へと行きつくのが当然であった。なぜならそれらこそが現実に存在している国際組織化の原理であり、現実に存在している国際組織化の原理をどう理論化するかが、当時の人々の関心であったからである。教皇の権威が挑戦される中世末期に、今日のわれわれからすれば一種の絶対主権論と言ってよい教皇権理論が展開されたのは、当時のヨーロッパにおける分裂の流れに対抗して、現実の国際組織化の原理であった教皇権あるいは皇帝権を擁護しようとする動きも起こったからだと解釈することができるだろう（Lewis 1974; Wilks 1961; ダンテ　一九九五）。

ところがヨーロッパ全域を席巻した宗教改革とその後の激しい戦争は、既存の普遍的帝国と地方共同体の双方のつながりを脆弱にした。そこで絶対王政を媒介にした主権国家の台頭という現象が起こり、国家領域内での王権の絶対化による秩序維持の原理が確立されていった。ただしそれによって、国家の国境を越えた範囲での秩序維持の要請がなくなったわけではない。現代にまでつらなる国際組織の思想は、絶対王政期に見られ始める。それは、ひとまず宗教戦争の時代の混乱を絶対王政による主権国家化によって乗り切ろうとしたヨーロッパの人々が、次には、教皇権・皇帝権に訴えることなく国際組織化の要請を満たす方法を思案しなければならなくなったからだと言うことができる。

すでに中世のヨーロッパ秩序の脆弱化と時を合わせるかのように、一四世紀からキリスト教君主間の平和協調を目的とする安全保障機構の設立を構想する思想家が登場していた（渡部　一九九四）。そのような動きがさらに高まるのは、三十年戦争の惨禍によって中世的秩序が崩壊した時代以降の思想家たちによってである。『ヨーロッパの現在および将来の平和のための論説』でヨーロッパの君主が構成する議会の設立を訴えたウィリアム・ペンや（Penn [1693] 1915）、『ヨーロッパにおける永久平和のための計画』で常設のヨーロッパ議会を提唱したベルナルダン・ド・サン＝ピエールのような有名な思想家が、一七世紀末から一八世紀初頭にかけて登場してくる（Hinsley 1963）。一八世紀の啓蒙思想家であるジャン＝ジャック・ルソーやイマヌエル・カントあるいは功利主義思想家のジェレミー・ベンサムも、**国家連合**について構想した（カント 一九八五；Saint-Pierre, Rousseau, and Bentham 1974）。

こうした主権国家の生成期の思想家には、近代国際社会の規範枠組みを受け入れた上で国際組織を構想しようという方向性が見られる。教皇や皇帝に訴えるのではなく、君主を政治権力の基礎的源泉として、国際組織化の方法を模索したのである。もっともカントにいたるまでの平和のための国家連合構想に、時代に応じた重大な相違が見られることも確かである。

一六九三年の書物においてイギリスのペンは、ヨーロッパ議会の設立によって君主が主権者ではなくなってしまうという予想される批判に対して、「君主たちは国内において今までどおりに主権者である。人民に対する彼らの権力や、彼らに支払われる税金のいずれも、減ずることはない。……誰もお互いに対して主権者とはならないので、主権者は主権者にとどまったままである」（Penn [1693] 1915, 12）と主張していた。同時に、主権者が主権者であり続けながら設立されるヨーロッパ議会の権限についても、ペンは次のように言って十分なものであると論じた。「親や主人が家族を統治し、行政長官が都市を統治し、領主が共和国を統治し、君主と国王が公国や王国を統治するのと同じ規則・正義・思慮分別を持って、ヨーロッパは主権者の間の平和を獲得・維持する」(Penn [1693] 1915, 18)。

この時代において主権者の権力を否定することは、最も重要な秩序維持原理を否定することにつながる恐れがあった。しかし主権者間の平和を達成するための「ヨーロッパ」秩序も必要であるとすれば、構想すべきは両者を同時に満たすような国際組織化の原理であり、ペンはそのようなものを目指していた。ペンの議論がどれだけ説得力を持っていたかは別にして、主権国家化と国際組織化の二つの原理を満たさなければならないとペンは考えており、そのような要請は当時の人々にとって困難ではあるが不可避的なものであった。

ペンが大きな影響を受けたのは、一六七三年に出版されたウィリアム・テンプルの『ネーデルランド自治州連合についての観察』であったが、そこでテンプルはネーデルランドにおいては、都市、州(province)、連合諸州の三つのレベルで主権があると論じ、複数の主権者が重層的に存在する政治システムについて報告していた(Temple [1673] 1972)。主権という概念をどのように適用するかは別にして、ネーデルランドの複雑な国家システムは移行期の時代の複雑な現実をそのまま反映したものであり、ペンがヨーロッパ全体において同じシステムを構想しようとしたのも、当時の時代背景があればこそであった。

ペンから百年後のプロイセンで「自由な諸国家の連合制度」を構想したカントであっても、国家連合によって主権国家を消滅させるべきだとは主張しなかった。カントの国家連合は、主権を含まない権限だけを持つと付記されるものであった。したがってその国家連合は、いつでも解消されうるし、ときどき更新されなければならないという点で、主権国家の意思に完全に依存した存在であった（カント 一九八五）。

ただしペンとは異なり、カントは、もはや主権者の議会などについては語らなかった。カントは、主権を持った国家の連合について語った。諸国家は対外関係において戦争状態におかれているので、連合結成によって平和を維持することに、合理的な利益を見出すはずなのだと推論されるのであった。カントの「永遠平和論」は、「国内的類推」にもとづく近代的な意思を持つ主権国家が織り成す国際関係のイメージに依拠しており、主権者である君主とヨーロッパ議会の双方が主権を行使するというペン流の発想の余地がなくなった時代の「近代」的な国家連合構想であった。

カントで頂点に達した国家連合構想は、一九世紀になるとあまり見られなくなる。国家連合という発想自体が一九世紀には現実的なものとみなされなくなったと考えて良いだろう。ナポレオン戦争後の現実の国際政治では、オーストリア（ハプスブルグ王朝）、プロイセン（ホーエンツォレルン王朝）、ロシア（ロマノフ王朝）を中心とする諸国の君主たちが、「神聖同盟」という、キリスト教的価値観にもとづく王国同士の同盟関係を作り出した。イギリスも加わっていた一八一五年の四国同盟では、第六条において「会議による統治」原則が定められたが、君主の統治権にもとづく現状維持を目指した「神聖同盟の国際統治は、大国による統治であった」（Morgenthau [1948] 1985, 483）。

モーゲンソーが鋭く見極めたように、神聖同盟は、ナポレオン戦争によって破綻した古いバランス・

オブ・パワーの原理に代わって、キリスト教を信奉する君主の主権をイデオロギー的基盤とした、大国による一般的国際統治体制の試みであった。それは画期的な試みではあったが、イデオロギー的に時代遅れであり、諸国間の国益調整を果たすこともできず、短期間で崩壊した。すでにヨーロッパには神聖同盟のイデオロギーに反発するナショナリズムの動きが広がっていた。またイギリスやフランスという大国の参加を得ることができず、内部にも様々な思惑の違いを抱えた神聖同盟は、国内における絶対主権者ほどに強力な統治権力を国際社会において確立することができなかった。

神聖同盟後のヨーロッパでは、「ヨーロッパ協調」と呼ばれた大国間の緩やかな協調体制が模索され、バランス・オブ・パワーの弊害を補う努力がなされた。特に海洋の覇権を握っていたイギリスが大陸への過度の介入政策を嫌っていたこともあり、国際統治を目指す国家連合の構想は、より緩やかなものへと傾斜していった。ペンの時代の国家連合構想が主権者間を結び付ける制度を打ち立てるものであったとすれば、一九世紀には目的・機能に応じた国家間の協調体制が模索された。たとえばジェイムズ・ロリマーは一九世紀後半に国際的な立法・司法・行政機関の設立を構想したが、それは諸国に対して主権を行使するためではなく、あくまでも諸国民の法＝国際法を実施するためであるとされた（Lorimer 1872）。各国の国内法制度が整備される一方で、国際組織化の見込みがあまり見られない状況となり、思想家たちはますます悲観的な「国内的類推」の思考傾向を強めていった（Suganami 1989, 61）。「国内的類推」の度合いを強めていけばいくほど、国際社会が国内社会と比べて劣っているという印象が強まることになり、逆に国家連合構想の非現実性が認識されるという状況が生まれたのである。

こうした状況を一変させたのは、第一次世界大戦である。古い外交政策の破綻として認識された第一次世界大戦は、一九世紀の国際政治を全否定する動きをもたらした。そこで革新的な動きが一気に高ったわけである。ただし当時の様々な構想の内容は、必ずしも発想法自体が一夜にして根本的な転換を起こしたわけではなかったことを示している。強く提唱されたのは、一九世紀に非現実的で不必要だと考えられていた国家連合の構想を、今度は肯定することであった（Shinoda 2000, Ch. 4）。つまり「国内的類推」が悲観的な文脈においてではなく、肯定的な文脈において強調されたのだが、「国内的類推」に依拠した発想法の傾向自体は顕著であった。一九一九年に設立された国際連盟は、諸国の多様な意向の妥協の産物としての性格も持ち合わせていたが、設立の発端となった発想自体はまさに「国内的類推」に依拠したものであった。たとえば国際連盟構想の当初は、特にアメリカ合衆国憲法が一つのモデルとして頻繁に参照された（Shinoda 2000, Ch. 4）。ただし国際連盟が単純な「国内的類推」の産物であったと言うことはできず、「ヨーロッパ協調」の仕組みや、「モンロー主義」の仕組みなどの様々な興味深い他の国際的な組織化形態をモデルとする思考も見られた（Zimmern 1936, 233）。

国際連盟の場合、戦争をなくすための画期的な国際組織という期待を受けて設立されただけに、実際の機能の限界がもたらした幻想も大きかった。国際連盟は世界中の主要国の積極的な参加を前提にしていた。しかし国際連盟設立の提唱者であり、パリ講和会議で重要な役割を演じて国際連盟規約の内容に大きな影響力を行使したウッドロー・ウィルソン米国大統領が、結局は連盟への参加について議会の承認を得ることができなかったことは、大きな痛手であった。当時アメリカの議会は決して連盟加盟自体に反対したわけではなく、参戦する権利を連盟に委ねることはできない点を明確にすることを要求していた。ウィルソン大統領が、将来の議会が批准することを期待して、連盟規約について再び諸国と交渉を行おうとはしなかったのである。ところがウィルソンの後に続く共和党の大統領はヨーロッパの国際政治に関与することを嫌い、アメリカはその後、二度と加盟を真剣に検討することはしなかった。やがて一九三三年には日本とドイツが脱退し、三四年に加盟したソ連も三九年には除名されてしまうにいたって、国際連盟は最終的にイギリスとフランスの同盟関係が拡大しただけの貧弱な組織となってしまうのであった。

両大戦間期は、国際法上明確な条約の形で組織化された国際連盟だけによって特徴付けられるべき時代ではない。国際連盟に加わらなかった大国が、それぞれの国際組織化原理を模索していたからである。アメリカは、単に国際連盟に加わらなかっただけではなく、積極的に「孤立主義」を標榜して、普遍的な国際組織を目指した国際連盟の理念を動揺させた。しかもアメリカの標榜する「孤立主義」とは、もちろん鎖国政策のようなものではなく、西半球におけるアメリカの覇権的地位と、アメリカの経済的権益の世界大の拡大によって特徴づけられる政策であった。つまりアメリカは、普遍的な国家連合は拒絶しつつ、地域内の大国を中心とした国際秩序は肯定し、しかも経済的領域においては普遍主義を主張するという、国際連盟とは全く異なる国際社会の組織化原理を掲げていたのである。

これに対して日本は大日本帝国による「大東亜共栄圏」構想によって、独自の地域的な秩序を切り開こうとした。ドイツは第三帝国によるアーリア民族の卓越性のイデオロギーによって、ヨーロッパ全域に帝国秩序を広げる野心を抱いた。ソ連は、スターリン時代に国家主義的傾向を強めて変化していったとはいえ、共産主義運動という国境を越えた全く異質の国際運動を推進しようとしていた。

第二次世界大戦は、日本とドイツの国際組織化原理の完全な消滅をもたらした。国際連盟の原理は勝者の側には立っていたが、挫折者であり、根本的な修正を余儀なくされた。修正の結果生まれたのが、**国際連合**である。第二次世界大戦の最大の勝者は、真珠湾攻撃の衝撃によって孤立主義を放棄して世界大の安全保障に関与するようになったアメリカだったが、超大国となったアメリカは、西半球の地域的な国際秩序を世界大に広げようとし、自由主義経済の普遍性も同時に標榜した。アメリカが主導する国際社会の組織化に対して、公然と反旗を翻すことができるのは、今やソ連だけとなった。そこで共産主義というイデオロギーの国際性を再び強調するようになったソ連が、二〇世紀後半を通じて、国際社会の組織化原理をめぐって超大国アメリカと対峙し続けることになった。

国連は、世界の主要国を常に加盟国としてつなぎとめることに成功し、現在では世界大の加盟国の広がりを持っており、国際連盟と比べれば、はるかに普遍性の高い国際組織となっている。しかし国連に与えられている期待は、かつて国際連盟に寄せられたほどに高くない。国際連盟は、国際社会の構造を転換する画期的な試みであるという認識を広く生み出した。それだけに失敗したときの幻想も大きかった。しかし大国が動かす国際政治の現実を前にして国連がほとんど無力であることは、設立直後の早い段階で明白になった。逆に国連は、国際連盟が扱わなかった開発援助や人道援助の分野などで、実務的・専門的な能力を発揮する補助機関を発達させ、個々の諸国が扱いきれない分野で大きな存在感を確立するにいたった。安全保障分野においては、国連憲章が予定した本来の機能が発揮されない中、大国が関与しない紛争地域での平和維持活動という新しい領域を切り開き、存在感を示した。加盟国の上位に立つ普遍的な安全保障の国際組織ではなく、加盟国の手の届かないニーズに対応する普遍的な国際組織として、国連は現代国際社会において確固たる地位を築いた。

第二次世界大戦後の国際社会では、国連以外にも数多くの国際組織が作られたが、それらはいずれも主権を平等に持つ諸国が、目的に応じて個別的に形成したものであった。一つの国家が複数の国際組織に加わることは珍しいことではなくなり、国際組織を国際社会の全体構造を変革するという観点からではなく、より実務的な観点から捉える見方が一般的となった。NATOのような軍事同盟組織から、EUのような地域的な国際組織にいたるまで、国際社会の部分的領域にのみかかわる国際組織が、現代国際社会を網の目のように覆いつくすようになった。これは一九世紀の国際電信連合や万国郵便連合から連なる国際組織の「**機能主義**」の伝統であり（Mitrany 1943）、「国内的類推」に依拠して普遍的国際組織になることを目指した国際連盟の思想とは、一線を画するものだと言える。

3―連邦による国際組織化

現代国際社会における国際組織の原理についてさらに考察を進めるために、一般には国際組織とは無関係と思われている原理にもあえて注意を向けておきたい。それによって現代国際社会における国際組織の特徴を浮き彫りにすることができるからである。

すでに述べたように、近代的な主権国民国家の原則が確立される前の時代には、スイス州連合、ネーデルランド自治州連合、あるいはアメリカ合衆国連邦やドイツ連邦が、国際社会の組織化の動きと密接に連動していた。一九世紀までの国際法学の教科書には必ずこれらの連邦制度下の国家の地位が扱われ、国際法主体として認められる部分とそうではない部分を峻別する作業が行われた（Wheaton 1836 ; Oppenheim 1905）。

たとえばアメリカ合衆国の場合、一七七六年の独立宣言から一七八八年の合衆国憲法成立までの間、一三州のそれぞれが独立主権国家であることが当然視されていた。一七八〇年のマサチューセッツ国（州）憲法（Constitution or Frame of Government of Massachusetts）は、その第四条において、「この政体（Commonwealth）の人民は、自由で、主権的で、独立した国（a free, sovereign, and independent state）として自らを統治する唯一の排他的な権利を持つ」と規定していた（N.A. 1852, 9）。また一七七七年に一三州の間で結ばれた連合規約（Articles of Confederation）は、次のように宣した。「各国（州）は、この規約によって議会に集結した連合諸国（州）（the united states in congress assembled）に明示的に委譲されたのではない主権、自由、独立、そして全ての権力と管轄権と権利とを保持する」（N. A. 1852, 193）。

したがって合衆国憲法の制定にあたっては、フェデラリストたちは州と連邦の両者に主権が存在するという理論を、主張せざるをえなかった。アレクサンダー・ハミルトンによれば、「〔自分たちの〕制憲会議の案はただ部分的な連合を目指しているだけなので、各国（州）政府は明らかにかつて持っていた全ての主権の権利を維持するだろうし、それらは完全に合衆国に委譲されるわけではない」。主権の限定的委譲が意味するのは、「主権権力の分割（the division of the sovereign power）」である（Madison, Hamilton, and Jay [1788] 1987, 220-222）。言うまでもなく分割主権論は、ジャン・ボダン以降のヨーロッパの思想家たちによって否定されていた理論であった。しかし人民主権を標榜した北米独立一三国（州）が経験した各国（州）内の政治的混乱は、新大陸では新しい政治理論が肯定されなければならないという主張を引き起こした。ジェイムズ・マジソンは、一七八七年に書いたある手紙の中で次のように述べていた。「主権の分割性を認めることなくしては、合衆国における政府の複合システムについて知的に論じることは難しい」（Hickman 1983, 375）。

合衆国憲法成立から南北戦争にいたるまでの時期には、連邦裁判所も主権の分割性を事実上認める判決を下し、分割主権論がアメリカの正統な教義となるのを助けた。一九世紀前半の段階で、アメリカ合衆国の連邦制度は国家間の連合であるとの認識は広く共有されていたのである。南北戦争までの間の北米大陸には、ある種の国家間関係があり、擬似的な部分的国際社会が展開していたわけである。同じような空間は、スイスやドイツにおいても、一九世紀末にいたるまでの間、存在し続けた。

近代の国民国家原則が確立される以前の時代には、国内社会と国際社会の区分は必ずしも明白ではなく、両者が混じりあっているかのような空間も存在した。特にアメリカ合衆国の場合のように、主権国家の間の関係を憲法典によって律しようとする発想は、他の連邦国家だけではなく、国際連盟の構想にも影響を与えることになった（Shinoda 2000, Ch. 4）。

すでに指摘したように、第二次世界大戦以後の世界では、連邦制度を国際社会全体に持ち込もうとする動きはなくなった。しかし実はEUなどの地域的国際組織では、かつてのアメリカ合衆国のような国内社会と国際社会が混じりあう現象が、明文化された文書によって規則的に進められている。今日のヨーロッパでは、普遍的な国際社会とは区別される部分的な独特の国家間関係＝小さな国際社会の空間が形成されており、それは新しい国家を作り出さない種類の連邦制度によって成り立っている。ヨーロッパほど徹底しないまでも、米大陸におけるＯＡＳは、やはり国家間関係を規律する規範的文書を持っており、一つの小さな国際社会がそれによって成立していると考えることはできる。

「国内的類推」にしたがって連邦制度を機械的に国際社会全体にあてはめようとする動きは、今日の国際社会ではほぼ見られなくなった。しかし部分的な小国際社会が作られていく動きの中で、国際的な連邦主義の動きも、部分的な領域で進展している。現代国際社会の組織化現象が拡大していく中で、国家間関係の連邦化も個別的に多様な形で試みられ、結果として現代国際社会の重層的な性格を高めているのである。

4—帝国による国際組織化

帝国主義は現代国際社会ではタブーとされている。今日の国際社会における「帝国」という言葉には、たいていの場合、ある国家の介入主義的な振る舞いを糾弾する目的が与えられる。アメリカは帝国主義的だ、と語られるとき、アメリカは身勝手な超大国として非難される場合が多い。あるいは「帝国」という語が用いられるとき、われわれはそのような前提を、意識的・無意識的にあてはめてしまう。つまり「帝国」という語が非難のために用いられていると仮定して、議論を理解しようとしてしまう。

しかし「帝国」という語にこのような否定的なイメージが定着したのは、それほど昔のことではない。かつて「帝国」と呼ばれてきた政治体は、国際社会で一定の機能を果たしていた。二〇世紀に「帝国」が次々と崩壊していく前の時代には、特に一九世紀には、「帝国」は肯定的な含意を持っていた。日本人が、明治維新後に欧米列強と肩を並べることを目標として「大日本帝国」に様々な理想を託しながら、第二次世界大戦後になると「帝国」の歴史に苦々しい思いだけを抱くようになったのは、「帝国」概念史を示す典型例であろう。

一九世紀の大英帝国の栄華に象徴されるように、「帝国」を作り出すためには、本国が巨大な国力を蓄えているという前提があった。すなわち力の面において秀でている国家だけが「帝国」を形成することができるのであり、それは単に軍事力だけではなく、経済力や文化水準などのあらゆる面であてはまる事情だと考えられた。「帝国」を作り出せるということは、ある国家の総合的な卓越性を意味していると想定された。いわば人々が羨望する卓越性の帰結が、「帝国」なのであった。

しかしそうした「帝国」の輝きは、第3章で論じた国民国家の理念や、第6章で論じる民主主義の理念とは、相容れないものであった。なぜなら「帝国」においては、帰属する複数の政治共同体の間、およびそれらの構成員たちの間に、不平等性が存在することになるからである。したがって国民国家の主権や、民主主義の理念が二〇世紀に広まり、脱植民地化の動きが顕著になるにつれて、「帝国」の理念は魅力を失っていったわけである。しかも「帝国主義」に反目するアメリカが第一次世界大戦以後、特に第二次世界大戦後に、「超大国」の地位を獲得すると、「帝国」が世界の力の構成原理であるという前提は成り立たなくなってしまった。絶大な力があるがゆえに「帝国」が形成されるという「帝国主義」の魅力の構図は崩れ、「帝国」は旧体制にしがみつく欧州諸国の弱体化した力の象徴でしかなくなってしまったからである。

しかし帝国主義がかつて、ある種の国際的な組織化の一環として機能していたことは事実である。すでに第2章で見たように、国際政治学において近代主権国家システムの開始点とされる一六四八年のウェストファリア条約は、百以上の弱小諸侯の独立を認めたが、それらの諸侯はその後も依然として神聖ローマ帝国に属し続けた。帝国が消滅したのは、一九世紀のナポレオン戦争によってである。それまでの間、形骸化したとはいえ、帝国の理念は主権者を統合する原理として存続し続けたのであった。

一九世紀の帝国主義全盛の時代であっても、帝国は単に主権国家が巨大化したものとして存在していたわけではなかった。一九世紀にいたるまでの間、イギリスは東インド会社のような間接的な統治体制によって、経済的利益を得ようとしていた。そのためインドのマハラジャのような諸侯を、国際法上の主権者として扱った。また大英帝国が他のヨーロッパ列強に対抗して植民地化を進めた一九世紀後半においても、本国と植民地とが別個の政治共同体であるという感覚は維持されていた。文明の灯を未開の地に広げるという「白人の責務」をイデオロギー的基盤とした当時の帝国主義は、その不正義の度合いを別にして、ヨーロッパ国際社会の外に位置していた政治共同体を、国際社会の組織化の論理の中に取り込む大きな推進力であった。

帝国とは、ある一つの政治共同体が、他の政治共同体に対して、政治的かつ領土的に指導的立場に立つような秩序空間である。したがって複数の政治共同体が一つの組織化原理に服するという点で、帝国主義は、ある種の国際組織化の論理を内包している。少なくとも一九世紀において国家連合よりも帝国主義の方が魅力的だったのは、政治共同体間の優劣関係を無視した連合体よりも、「文明の基準」にしたがって卓越していると認定される者が中心となって、劣っていると認定される周縁部分の者たちを指導する政治原理の方が進歩的である、という感覚があったからにほかならない。一九世紀は、国際法において「文明の基準」がかつてない規範的意味を持っていた時代であった（Gong 1984）。

そもそも一九世紀のヨーロッパにおいて、階級制度を払拭した社会制度を確立した国はなかった。市民革命を経験したイギリスやフランスでさえ、普通選挙権が確立されるのは二〇世紀になってからのことである。近代化の波は、封建的な階級社会を時代遅れのものに見せていった。しかしその一方で進展する資本主義において形成された新たな特権階級は、むしろ時代の流れに乗った進化論的な発想によって、自らの特権的地位を誇っていた。能力のある者が他の者を自由に扱う社会原理が社会進化論の観点から肯定されるとすれば（Spencer 1868）、国際社会においても有力な文明国が帝国の秩序を拡大していくことが、人類全体の進歩につながるものとして肯定されても不思議ではない。帝国主義とは、当時の支配的な価値規範にそったものとして、推し進められたのである。

ヨーロッパの外部で国力を増大させていた国々のうち、日本などはヨーロッパの帝国主義を模倣する方向に進んでいった。それに対して「新世界」のアメリカは、ヨーロッパの帝国秩序に規範的に挑戦をする意思を持っていた。「モンロー宣言」によってヨーロッパ列強の西半球における干渉を排する政策を表明したアメリカは、伝統的に国家平等原則を尊重する立場をとっていた（Dickinson 1920, 175-180）。それはヨーロッパ諸国の帝国主義的拡張政策に対する意識的な、あるいはイデオロギー的な、挑戦行為であった。

もちろんだからといってアメリカが本当に反帝国主義的であったとは、簡単に結論づけることができない。カール・シュミットのように、モンロー主義とはアメリカ流の独特の帝国主義政策のことだと言うのは、それほど的外れな議論ではないだろう（シュミット 一九七二）。米西戦争によってスペインの植民地を獲得した際に、アメリカ国内では「帝国主義論争」が繰り広げられた。帝国主義はアメリカの伝統に反するとする人々の批判が、議論の始まりであった。実際アメリカは、この米西戦争の時期を例外として、植民地獲得のための戦争をしたことはないし、米西戦争で獲得した領土も、比較的早い段階で独立させた。

しかしそれにもかかわらず、アメリカはメキシコ、ハイチ、キューバといった中南米諸国に軍事介入を繰り返し、限定的な期間であれ占領統治を行うことに躊躇しなかった。国際連盟の提唱者であるウィルソン大統領は、メキシコへの軍事介入と占領の政策を正当化するために、軍事政権によって奪われた人民の主権を回復することが目的であることを繰り返し強調した（Weber 1995, 64）。ウィルソンにとって、そしてアメリカの理想主義にとって、それは決して矛盾ではなかった。正しい秩序を回復するために行使される武力は正しいものであり、自らの軍事力を行使すれば正しい秩序を回復することができると判断できるときには、アメリカは断固として戦争を行う。それは具体的に言えば、アメリカの裏庭である中南米諸国でアメリカが正しいと考える国家体制が覆されたときには、正しい秩序を回復するためのアメリカの介入政策が正当化される、という考え方を導き出す。こうした意味において、ウィルソンによって国際連盟規約でも配慮がなされたモンロー主義は（連盟規約第二一条）、西半球におけるアメリカの帝国的秩序を国際的に認めさせるものなのであった。

二一世紀の初頭、超大国アメリカの「帝国化」が、世界大の国際社会の次元で議論された。アメリカが公式に「帝国」秩序の存在を認めたわけではなかった以上、こうした言い方は、ある種の比喩でしかなかった。しかしそれでもアメリカの外交政策に広い意味で帝国主義的なものがあるとするならば、われわれはアメリカの「帝国」が決して数年前に始まったものではなく、むしろ「明白な運命」論が語られた一九世紀から、国家の思想的基盤に深く根ざしていたことには注意しておくべきだろう（山岸 一九九五）。

アメリカ人は伝統的に、一方において国家平等を信奉しながら、他方においてアメリカが他国に対して特別な力を持ち、特別な使命を行使することについて、肯定的な態度をとってきた。形式的な諸国の独立性を維持しながら、経済的分野での普遍主義によって自国の権益は確保し、しかも場合によっては軍事行動によって他国の政権を交代させることにも疑問を抱かない外交政策は、明らかにヨーロッパの帝国主義政策とは異なるが、しかし一つの帝国主義的な政策だとは言えるだろう（中嶋 二〇〇二）。

西半球におけるモンロー主義の帝国的領域は、冷戦時代にいわゆる西側陣営に広がった。そしてそのアメリカの帝国的秩序は、冷戦の終焉とともに、さらに世界大に広がった。ヨーロッパに起源を持つ帝国による国際社会の組織化原理は、過去の歴史の中の出来事でしかない。しかし現代国際社会においても、何らかの形態の帝国主義的原理が働いていると考えることは不可能ではない。そうであるとすれば、帝国による国際社会の組織化という問題は、極めて現代的な検討課題となって、われわれの前に現れてくることになるのである。

5―現代国際社会における国際組織の意義

今日の国際社会では、国際組織の存在を、主権国家システムに取って代わるようなものとして考えるような見方は時代遅れになっている。諸国は実務的な要請にしたがって極めて数多くの国際組織を形成しており、世界大に網の目のように広がった国際組織のネットワークは、現代国際社会の一つの大きな特徴となっている。しかしそれは国家主権や国民国家の原則と相反せず、むしろそれらの原則を補足する形で、国際社会の支柱となっているのである。今日の国際社会では、「国内的類推」に依拠した国家連合は、やはり時代遅れになっている。また帝国主義も、道義的にも実利的にも、有効性を失った。国家主権や国民国家の原則に反する心配がなく、むしろそれらを補強するものとしてのみ国際組織は生み出されるが、その安心感と容易さから、国際組織は量的に目を見張る拡大をとげた。より統合度の高い国際組織は、国家間の同質性が高い地域に範囲を限定することによって、導入が進められている。今や国際社会の課題が、普遍的な国際組織を設立することではなく、必要な分野と地域で、必要な機能を持つ国際組織を設立し、そのネットワークを拡充していくことに移っていることは明らかである。

冒頭において本章は、国際組織が諸国家に目的にしたがった団結の原理を示し、国際社会に重層性を与え、主権国家の限界を補足する意義を持っていることを指摘した。端的に言えば、原子論的に国家が存在して成立しているのが国際社会であるに過ぎないという見方に対して、国際組織は異なった現実の国際社会の姿を見せる。しかしだからといって国際組織は決して国家に対決を挑んだりするものではなく、むしろ国家の活動を助け、補強するために、作り出されているのである。

今日の国際社会で主権国民国家の原則を見直す動きはほとんどなく、原則の維持について広範な合意がある。しかし原則の普及の副次的効果として、過去半世紀で国家の数は飛躍的に増加し、国家による世界の細分化は急速に進展した。それぞれの国家の存在だけでは解決できない問題が山積していることも、あまりに明白である。国家と国家の修正的補強とは、矛盾するものではなく、現代国際社会の要請に正面から対応するものなのである。

すでに見たように、実は国家化と国際組織化の二つを同時に満たすという要請は、どのような時代においてもほぼ共通して確認することができるものであった。ただそれぞれの時代の事情に応じた特殊な方法論が、その都度支配的になったり衰退したりした。現代国際社会は、現代国際社会に特有の国際組織化の論理を持っており、それは少なくとも過去半世紀において一貫して質・量の両面において、拡大し続けているのである。

今日の国際社会は、重層的である。国家を基礎単位としつつ、国家が作り出す数多くの国際組織が活発に動いている。同時に無数の非国家アクターが国際的な活動を行っており、時には国家や国際組織と距離を保ち、時には国家や国際組織と協力して、国際社会の重層化を進めている。これらの国際組織や非国家アクターは、非領域的で機能的な目的を持っている場合もあるし、逆に地域限定的で普遍的な目的を持っている場合もある。国際組織は国際社会の体系論からではなく、現実の必要性にもとづいて設立され、運営されるので、杓子定規的な理解をすべての国際組織にあてはめようとすることはできないし、非生産的である。

われわれが国際社会の組織化について考えてみるときに、まず理解しておかなければならないのは、この現代国際社会の重層性である。そして現代国際社会の国際組織は、この重層性を解消する方向にではなく、さらに複雑に進展させていく方向で、生み出され、動き続けているのである。

第5章 安全保障

国家を基礎的な単位とする国際社会において、安全保障は最も重要視される価値の一つである。国際秩序は、安全保障問題についての解決策の変遷とともに、歴史的な変化を遂げてきたといっても過言ではない。もっとも「ヨーロッパ国際社会」のバランス・オブ・パワー全盛期をへてから、第一次世界大戦後には、国際連盟を中心とする新しい集団安全保障体制が模索された。それは第二次世界大戦後の国際連合への期待にもつながった。しかし冷戦の開始とともに、個々の国家の国益追求を基本とする国際関係の動きを前提にした安全保障論が、隆盛することになった。ポスト冷戦時代においては、「人間の安全保障」論などの新しい議論も登場した。同時に、バランス・オブ・パワーに依拠した国際秩序においては語られることのなかった「正しい戦争」の議論も、重要性を増していく結果が生まれた。こうした安全保障論の範囲の広がりと深化は、自由民主主義国家の標準化という世界大の動きと、密接に結びついている。

1—安全保障の地位

安全保障（security）の実現は、国際社会における最も中心的な課題の一つである。主権を持った国民国家は、自己の生存・安全確保を第一義的な目的として行動する。そのため安全保障は、国際社会を構成している諸国家の主要な行動原理となり、したがって国際社会の状況を的確に表現するものとなる。しばしば諸国の政府は自国の安全保障に関わる問題を、死活的な**国益**に関わる問題であると認識し、他の問題に先立って対処しようとする。そこには明らかに価値判断にあたっての優先度の位階があり、一般に安全保障は、他のあらゆる領域の問題に優先されて扱われる。

もちろんだからといって、諸国は安全保障だけを盲目的に追い求めているわけではない。国際関係学においては、諸国は国益だけを追求し、他の価値規範を度外視する傾向を持つと、説明される場合もある。しかし安全保障が優先的な価値判断基準になっているということは、諸国が他の価値規範を考慮しないことを全く意味しない。しかし国家がその構成員の生命に関わる安全保障政策に関して、特別の責任と権限を持っているとすれば、国家が安全保障問題を重大視するのも当然である。このことは、自由民主主義を標榜する国家については、特にあてはまる。なぜなら社会契約論にもとづいて説明される自由主義的国家の成立基盤は、構成員間の契約行為にあるが、その内容は、諸個人の自己保存であるからである。自らの生命の維持は、諸個人が持つ最も根源的な自然権であるとされ、それが社会契約論を通じて、国家設立の基盤ともなる。国家安全保障政策の本質は、国家構成員の安全の確保にあり、それが安全保障政策の優先度の高さにもつながるのである。

国際連合憲章は国連の目的を示した第一条の第一項において「国際の平和及び安全（international peace and security）を維持すること」をあげており、そのことは、国連が国際社会の平和および加盟国の安全を保障するという関心にもとづいて設立された機関であることを示している。憲章が第七章において安全保障理事会に軍事的措置を含む強制措置を発動する権限を与えているのも、「国際の平和と安全」の維持が国連の存在理由の根幹に位置づけられている事情を物語る。国連は、社会経済理事会に属する諸機関のように開発・人道・文化・医療問題などに対応する役割も持っている。しかしそれでもなお依然として国連に与えられた中心的な課題は、「国際の平和と安全」であり、それは国連システムにおける安全保障理事会の卓越した権威に反映されている。国際連盟規約も前文において「戦争ニ訴ヘサルノ義務ヲ受諾シ、……各国間ノ平和安寧ヲ完成セム」ことを謳い、国際連盟が国家間の平和の実現を目的として設立されることを明らかにしていた。国連は国際連盟の失敗の反省から設立されたわけだが、その国連が国際連盟から受け継いで担うことになった使命が、「国際の平和と安全」なのである。

もちろん国連が加盟国の安全保障のために果たすことができる力には限界がある。そこで加盟国は独自の方策を持って、自国の安全保障をより確かなものにしようとする。北大西洋条約機構（ＮＡＴＯ）は、アメリカとヨーロッパの主要国が加入する世界最強の軍事同盟機構だが、それは集団安全保障の枠組みを用いて、北大西洋地域における各国の安全を確保しようとするものであった。冷戦時代のＮＡＴ

Oは、ソ連・東欧圏からの侵略に対する自由主義陣営諸国の防衛体制を整えることを目的としていた。冷戦終結後のNATOは、その役割を拡大させて、旧ユーゴスラビア諸国で平和活動に従事しているばかりではなく、アフガニスタンなど域外での活動にも参加しているが、それもやはり多角化した安全保障上の必要性のためである。

アジアでは、アメリカが日本、韓国、シンガポールなどと二国間の安全保障条約を持っている。オーストラリアとニュージーランドとは、三国間での安全保障協定を持っている。その他にも世界のいたるところでアメリカは、事実上の軍事同盟関係を各国と結んでいる。アメリカが世界的に広がる軍事同盟のネットワークを作り上げているのは、超大国の関与を示すことによって地域の不安定化要因を抑制し、地域の安全保障を確保するためである。アメリカと軍事同盟を結ぶ国々は、アメリカとの関係を自国の安全保障政策の根幹に位置するものとして認識し、外交政策の決定にあたって重要な要素であるとみなしている。二〇〇三年イラク戦争開始時に、少なからぬ数のアメリカの同盟国の政府が世論の反対を押し切ってアメリカへの支持を表明し、イラクへ自国の軍隊を派遣したのは、自国の安全保障に資する環境の維持という課題が、政策決定者に重くのしかかったためだと言えるだろう。

国際関係学の分野では、軍事的事項を中心にする安全保障問題は「**ハイ・ポリティクス**」と呼び、経済などのその他の問題を「**ロー・ポリティクス**」と呼ぶことが、定着した言い方になっている（Dougherty and Pfaltzgraff 1997）。複雑化した国際社会において、経済・社会・文化的問題が重要性を増していることは否定できないと思われるが、安全保障問題が依然として「ハイ・ポリティクス」の事柄として、より高い重要性を持っていると考えられ続けていることもまた事実であろう。安全保障問題は、しばしば戦争あるいは戦争を防ぐことに関する問題となり、人々の直接的な生死に関わるものとなる。しかも国際社会の秩序には、いつも何らかの脆弱性があり、諸国の安全保障政策上の油断は実際に悲惨な戦争に陥る結末をもたらしかねない。そのような緊張感が、安全保障問題の地位を極めて高いものにしている。

国際関係学あるいは国際政治学においても、安全保障をめぐる問題が、高い注目を集めてきた。そもそも国際関係学という学問が二〇世紀初めにイギリスやアメリカで誕生したのは、第一次世界大戦の悲惨さを目のあたりにして、戦争を防ぐための知的営みが必要だと感じられたからにほかならない。第二次世界大戦の勃発は、さらに強い反省を知識人たちに与えた。そこで大戦後の主要な課題も、戦争を防いで各国の安全保障をどのように達成するかということになったのである。したがって第一次世界大戦後の国際関係学を「理想主義的」なものとして一蹴し、第二次世界大戦後の「現実主義」にのみ安全保障研究の伝統を見出す態度は、必ずしも正確ではないだろう。むしろ安全保障問題は常に国際問題における優先課題であり続けてきたが、時代の政治情勢に応じた傾向もまた存在する、と言うべきであろう（篠田 二〇〇〇b、二〇〇三c）。

本章ではこのように国際社会における中心的な課題である安全保障問題に焦点をあてて、その思想的基盤と歴史的背景を解明しつつ、現代国際社会における安全保障論の特徴を捉えることを試みる。安全保障問題がどのように認識されているかが、国際社会の秩序にとって重大な意味を持っているからである。

2—安全保障の思想

より多義的であり長い思想史的な背景を持つ「平和」概念に対して、「安全保障」はより実務的な内容を持ち、比較的歴史の短い概念である。そのため論者によっては「平和」は思想の問題だが非現実的な願望のことであり、「安全保障」は思想の問題ではないが実務的な技術論のことである、といった見方がなされることもある。しかし実際には「安全保障」にも思想的問題があり、「平和」にも実務的に処理すべき問題がある。両者を同一視することはできず、一方に他方を完全に含ませることはできない。両者を常に並立させて扱うという国連憲章の立場は、そうした「平和」と「安全保障」をめぐる微妙な関係を示していると解釈することができるだろう。

「安全保障」をどう理解するかは、解釈者の側がどのような立場をとるかによって大きく左右される。たとえば国際政治学における現実主義者が考える「安全保障」と、いわゆる反戦運動家が考える「安全保障」とは異なるだろう。「安全保障」を客観的に認識できる状態とみなすか人間の主観的な心理によって決まる事柄と見なすか、「安全保障」を達成するために武力を含む強制的手段を用いることを認めるか否か、などの論点に対する態度の相違によっても、「安全保障」の意味内容は大きく変わってくる。それぞれの論点が、慎重に検討すべき重要性を持っていることも確かである。しかし本章では、過去および現在の国際社会が中核的な価値としてきた「安全保障」が、国際秩序に対して持つ意味を明らかにすることに焦点をあてる。

「安全保障」の概念は、本書がここまで論じてきた「主権」を持つ「国民国家」の概念が定着した時代に、平和の問題に部分的に関わるものとして登場してきた。国際社会における安全保障問題は、従来は国家安全保障の問題と同一視されてきたが、そのような態度を主権や国民といった価値規範の歴史的展開と切り離して考えることはできない。たとえば主権国家ではなく、少数の指導者の私的利益に従って動く人間集団などは、国家安全保障という国際社会における安全保障の問題とはなりえなかったからである。

国際社会において安全保障を意味する“security”は、もともとは必ずしも国家の安全保障だけを意味する語ではなかった。それはむしろ伝統的には、人々が日常生活の中で守る「身の安全」・「警護」や「社会保障（social security）」、あるいは「安心」といったものを意味する語であり、また経済的には担保や有価証券などの保証を指す語である。公権力などが治安を維持して人々の安全を確保することもまた、英語では“security”という概念で理解される。そのため国際政治学においては、意味内容を明確にするために「**国家安全保障**（national security）」という表現がしばしば用いられてきた。しかしこの「国家安全保障」は、経済、治安、宗教的分野での“security”という語の使用に比してむしろ新しい。国家安全保障を意味する“security”の用語法が確立されたのは、二〇世紀に入ってからだと言われる（土山 一九九八、二頁）。もちろんそれ以前にも国家は防衛のための軍事力整備などを行っていたし、今日からみて安全保障措置と呼べるものがなかったわけではない。しかし国家安全保障概念の確立には、国家の制度的アイデンティティの明確性が前提となる。国家が単に君主の統治する領土しか意味しないのであれば、国民の安全という概念はそこから切り離されることになり、今日の意味での国家安全保障を概念化できない。この意味でナショナリズムの高揚による一九世紀以降の国民国家原則の普遍化が、国家安全保障概念の成立の背景にあったと言えるわけなのである（篠田 一九九九）。ナショナリズムによって国家の擬人化が進んだとき、国家という人格の自己保存が安全保障問題として概念化される。すでに古くから個人の"security"の概念は確立していたのだから、ひとたび国家の擬人化が進めばそれが国際政治でも用いられる「メタファー」になるのは当然だったと言えよう（土山 一九九八、六―七頁）。

本書の第1章では、一八・一九世紀の「ヨーロッパ国際社会」の構成原理であったバランス・オブ・パワーが、国家安全保障の命題であるというよりも、ヨーロッパ国際社会全体の「不文憲法」あるいは「法則」のようなものとして認識されていたことを指摘した。バランス・オブ・パワーが達成するのは、個々の国家の安全の保障ではなかった。むしろバランス・オブ・パワーの名の下に、小国の存在はもちろん、大国の領土的一貫性ですら、犠牲にされるべきことが説かれることもあった。しかも実際にはバランス・オブ・パワーは、永続的な安全保障メカニズムを国際社会で維持することができなかった。ナポレオン戦争という世界大の戦争によって混乱したヨーロッパに生み出されたウィーン体制下の神聖同盟やその後のヨーロッパ協調体制は、バランス・オブ・パワーの限界を補塡するために、大国協調により秩序維持を図るという制度的試みだった。さらに一九世紀後半の帝国主義の時代が第一次世界大戦というバランス・オブ・パワーの崩壊にいたったとき、ヨーロッパ国際社会内の力の均衡という観点からではなく、現状維持を前提とした諸国の安全保障の観点から、国際秩序が語られるようになった。その過程において、バランス・オブ・パワーではなく、諸国の主権と平等などの原則を基礎にした国際秩序観が、確立されていったのである。小国であっても主権と領土的統一性は守られるべきであるとの思想は、二〇世紀に特徴的な発想である。

国際連盟は、バランス・オブ・パワーに代わる原理としての**集団安全保障**を実現しようとした。国際社会全体が一致団結して、大国・小国を問わず全ての諸国の領土的統一性を守るべきだという思想は、政治的裁量によって力の均衡を図ろうとするバランス・オブ・パワーの理念とは、全く異なるものであった。二〇世紀に登場した安全保障の概念は、「主権」を持つ「国民＝民族」国家の法的・形式的統一性を前提としていたのであり、現状維持的な性質を持っていた。言うまでもなく国連が国際連盟から引き継いだのも、この集団安全保障をどのようにして達成するかという問題であった。

国際連盟によって象徴される両大戦間期における安全保障の発想は、「国内的類推」に依拠したものであった。つまり諸個人の“security”が国内社会で維持されているのと同じやり方で、国際社会でも諸国の“security”を維持することが求められたのである。国内社会では、中央政府に社会の法秩序の維持の主要な責任が与えられる。古典的な自由放任主義が全盛期を迎えていた一九世紀のイギリスにおいて「**夜警国家**」という言葉がしばしば使われたように、国家の権限を縮小しようとした場合でもなお残る国家の中核的機能は、社会構成員の安全を確保するための策を施すことだとされた。ホッブズの『リヴァイアサン』（Hobbes［1651］1985）の議論を援用して理論的な説明を加えれば、自己保存の「自然権」

を持つ諸個人は、「自然状態」における「万人の万人に対する戦争」の不安から逃れるために、自らの自由を制限して主権者に権限を集中させる社会契約を結ぶ。逆に言えば、安全を保障してくれない主権者は、社会契約の義務を果たしていないことになるのである。国際社会において諸国は、原初的な自由を持って国際社会で行動していると想定することができる。だがそのために「万人の万人に対する戦争」であるかのような世界大戦が引き起こされてしまうのだとすれば、諸国は自らの自由を制限して何らかの超国家的機関に少なくとも安全保障に関する権限を集中させなければならない。こうした発想によって国際連盟は設立されたのであった。

国際連盟の設立を要請したこのような議論は、理論的には極めて明断なものであったと言えよう。問題は、国際連盟が国際社会の主権者ではなく、諸国から税金を取ることもできない単なる諸国家間同盟でしかなかったということであった。国内社会では、中央政府は非国家集団の武装レベルを制御し、「正当な物理的暴力行使の独占」（ヴェーバー 一九八〇、九頁）を行う。あるいはそのような独占を行うことができた国家だけが、社会秩序維持のために効果的な方策をとることができる。しかし国際連盟はそのような国際社会の抜本的な構造変革をともなうものではなかった。その意味では国際連盟は中途半端な制度であり、ひとたび深刻な危機が訪れてしまえば失敗することが約束されている組織であった。

第二次世界大戦を避けることができなかった国際連盟の破綻を受けて、さらに集団安全保障の体制を強化すべく国連が生み出された。しかしやはり抜本的な改革をともなうものではなく、発足まもなく国連が目指す集団安全保障体制は非現実的な期待であることが判明した。そこでアメリカは北大西洋条約や二国間条約を通じて、**集団的自衛権**の範囲を拡大することによって、独自の安全保障のシステムを構築していくことになった。もちろんソ連を中心とする旧共産圏諸国も、ワルシャワ条約機構などを通じて、集団的自衛権のシステムを構築した。結果的に、**冷戦**時代は、張り巡らされた同盟関係の網の目が、少なくとも二つの超大国を含む有力諸国の間の戦争を防ぐことに貢献したのであった。

第二次世界大戦直後の時期には、国連による集団安全保障体制に懐疑的であったハンス・モーゲンソーのような「現実主義者」たちでさえ、世界政府を設立することなくして安全保障は達成されないと主張していた（Morgenthau [1948] 1985, 525-559）。しかしその後の二〇世紀後半の安全保障論は、実現可能性の低い「国内的類推」に議論を戻そうとすることはなかった。代わりに国際社会全体の秩序維持という観点を捨て去り、特定の国家の具体的な状況に応じた政策による個別的な安全保障策の追求に焦点を絞っていった。国際社会の構造的変革を唱える学派を「理想主義」と呼んで糾弾する「現実主義」が全盛を迎えた第二次世界大戦後の時代は、国際社会全体の性質を把握するという視点自体が希薄になった時代であった。そもそも国際社会なるものが存在していること自体が、深刻に疑われたのであった（Wight 1966）。当時の米英の国際関係学では、「国際社会」という語が用いられなくなり、代わって「**国際システム**」という概念が、国際関係の全体を表現するためにはふさわしいと考えられるようになった（Kaplan 1957）。

おそらく個別的な安全保障論が転換を迎えたのは、デタントの時代をへた一九七〇年代以降である。理論的には一九七九年にケネス・ウォルツが「**構造的現実主義**（structural realism）」の立場から、敵対する両陣営の個別的な安全保障の追求が、結果的には国際関係全体の構造的な安定をもたらしていると論じてからであろう（Waltz 1979）。国際社会という全体的な視点を持たず個別的に安全保障を追求することは、国際関係全体の安定という結果を阻害しないどころか促進するという構造的現実主義の含意は、当時隆盛だった理論経済学を援用して導き出されるものであった。つまり市場経済のメカニズムと同じように、自助の論理で動く諸国も結果的には国際関係にある種の自律的なメカニズムをもたらすという仮説が、構造的現実主義が証明しようとするものであった。

実際のところ冷戦初期の最終戦争としての第三次世界大戦が恐れられていた時代は一九七〇年代までにほぼ終わっており、「相互確証破壊（mutual assured destruction）」理論にもとづいた「**核抑止論**」は、国際関係の全体構造に「恐怖の均衡」を維持し続けていた。国際連盟と国連による「集団安全保障」の論理は、現実において完全に意味を喪失し、代わって一八・一九世紀に見られた「不文憲法」あるいは「法則」としてのバランス・オブ・パワーの権威が復活したのである。一九六九年から八年間にわたってアメリカの外交政策を牽引したヘンリー・キッシンジャーが、一九世紀におけるバランス・オブ・パワーの外交術を信奉する者であったことは、時代の流れをさらに強くした（Kissinger 1957）。ヘドリー・ブルが一九七七年に「アナーキカル社会」としての国際社会論を表明し（Bull 1977）、その二年後にウォルツが「構造的現実主義」を提示したのは、こうした時代背景と決して無関係ではなかったと言える。

もっとも一九八一年にアメリカに登場したレーガン政権の軍拡路線は、大枠において冷戦構造の安定性を信頼したものではあったが、しかし同時にアメリカの優越を取り戻そうとする点で冷戦の終結を用意するものでもあった。一九八五年にミハイル・ゴルバチョフがソ連共産党書記長に就任し、その六年後にソ連が解体するにいたって、バランス・オブ・パワーが国際秩序維持の中心原理として認識されるような時代は、ふたたび過去のものとなった。冷戦時代とは、破産宣告されたバランス・オブ・パワーが威厳回復した時代であり、ポスト冷戦時代とは、復活を遂げたはずのバランス・オブ・パワーが再び国際秩序維持の原理としての有効性を失った時代のことだと言える。

一九九〇年代には、八〇年代から現れてきた「**バンドワゴン理論**（bandwagon theory)」や「レジーム理論」などが、議論の妥当性を高めた。「バンドワゴン理論」は、いわば「勝ち馬に乗る」「長いものに巻かれる」ことが国家の安全保障政策としては合理的であり、実際に諸国は超大国に積極的に追随するという理論である（Walt 1987)。「レジーム理論」は、複数の国家が作り出す価値・規則・制度が、国際社会において一定の拘束力を持っているとする理論である（Krasner 1983)。これらは複数の国家間の力の均衡状態を模索するバランス・オブ・パワーが国家の安全保障政策として必ずしも合理的ではないことを証明し、しかも実際にバランス・オブ・パワーとは無関係に国家間関係を規律する原理が働き、諸国が行動していることを説明しようとする理論であった。このような理論が冷戦時代の末期に隆盛した背景には、アメリカが超大国として諸国の安全保障のために果たしうる役割を見直し、またアメリカが主導する自由民主主義的価値規範を基準とした諸々の国際規則が重要な意味を持つようになったことなどがあったと言える。

力関係だけではなく諸国が作り出す規範的要素にも着目して安全保障を含む問題を分析しようとする

「コンストラクティビズム（constructivism）」なども、ポスト冷戦時代の状況を反映したものだと言えよう（Wendt 1999）。このような時代の安全保障論は、アメリカを中心とする同盟関係の強化・再構築を軸にして進められている。軍事技術の革新による通常兵力の使用方法の「軍事革命（RMA）」も、安全保障論に影響を与え始めている（中村 二〇〇一）。またテロ問題が明確に安全保障問題の一つとして位置づけられるようになったのも、冷戦終焉後の時代の特徴であろう。

冷戦終焉後の時代の傾向を反映するものとして、「**人間の安全保障**（human security）」概念にふれておくべきかもしれない。「人間の安全保障」は、国家安全保障を超えるものとして、あるいは補完するものとして国連開発計画（United Nations Development Programme：UNDP）によって大々的に提唱され、その後も研究者だけではなく、日本政府やカナダ政府によって強調されている概念である（国連開発計画 一九九四；来栖 一九九八；人間の安全保障委員会 二〇〇三；篠田 二〇〇四a）。その含意は、国家の安全保障だけに専心するのではなく、人間を主要な対象にした安全保障の方策を実施していかなければならないということである。ただしすでに指摘したように、そもそも人間の安全は“security”という語がより古くから持っていた意味であり、その意味では「人間の安全保障」概念はそれほど新奇なものではない。「国家安全保障」と「人間の安全保障」の関係は、ヨハン・ガルトゥングの「消極的平和」と「積極的平和」（第8章第1節参照）との関係に類似するとの指摘もある（松尾 二〇〇四）。「人間の安全保障」論には、人道・開発問題に関する国際機関と各国政府の注意を喚起するという役割もあるが、設立当初から国連などの機関は社会・経済分野で様々な活動を行ってきたのであり、「人間の安全保障」論が何か全く新しい行動類型を生み出すわけではない。むしろその意味は、これまで行ってきた諸活動を新たに再調整し、発展させていくことにあると考えておくべきだろう（篠田 二〇〇四a；Shinoda and Jeong 2004；篠田・上杉 二〇〇五）。

3―戦争概念の変質

安全保障の概念の変質に応じて、国際社会における戦争の概念もまた変質してきた。近代国際社会が形成される以前の中世ヨーロッパ世界においては、秩序と正義は神の恩寵として一体のものでしかありえず、戦争もそうした規範体系の中で位置づけられた。「徳の政治と共通善」などと特徴づけられる中世最大の思想家トマス・アクィナスの政治哲学が、実は一方において「正戦論」による戦争の正当化論を持つものでもあったのはその表れである（千葉 一九九五）。正しい世界秩序を神の権威の下に強く持つがゆえに、不正に対する実力行使も正当化されるのであり、不正の黙認は悪徳となるのであった。一六世紀から一七世紀にかけての宗教戦争・諸国の内乱は、主に宗教的（イデオロギー的）理由でなされたものであり、キリスト教文明圏の統一性が宗教改革によって崩壊しつつあったにもかかわらず価値規範が依然として中世的な性格を持っていたことに由来していたと言えよう。一七世紀に「革命的」人道的介入正当化論（ブルトゥス 一九九八、二〇一―二一六頁）とジャン・ボダンらの「保守的」絶対主権論の間の折衷的立場をとったフーゴ・グロチウスもまた、「正戦論」自体を否定することはなかった

(Grotius [1625] 1964, Book II, Ch. XXV; 大沼 一九九五、二二一―二二三頁; 篠田 二〇〇二)。

しかしヨーロッパの政治思想が世俗化し、さらに主権を持つ国民国家が国際社会において至高の権威を持つ存在として現れるようになると、戦争をめぐる議論もキリスト教の文脈から切り離され、「正戦論」は消滅した。代わって「地上の神」である主権国家の意思が介在しているかどうかが、つまり国家同士の戦いであるかどうかが、戦争の正当性を定める唯一の原則となった。いわゆる「**無差別戦争観**」の時代である(藤田 一九九五、二一―五頁)。この時期に、バランス・オブ・パワーの名の下に、戦争が国際社会のある種の「制度」であるかのように考えられていくようになった(Bull 1977, Ch. 5)。一八・一九世紀の「ヨーロッパ国際社会」を構成した主権国家とは、限られた数の大国のことであった。その少数の国民国家の主権が侵害されてしまうならば、それは主権国家が正当に戦争の開始を意思するのに十分な出来事なのであった。逆に主権国民国家の枠組みが維持されている限り、非主権的共同体・地域を植民地化・併合することは何ら秩序攪乱要素とはならないのであった。戦争もまた大国中心の主権国家システムを維持するために行われるのであれば、秩序維持的とみなされえた。「ヨーロッパ国際社会」の時代には、限定的な大国間の戦争が起こったが、それらはいずれもバランス・オブ・パワーの修正という意味を持っていた。アメリカ独立戦争や、フランス革命後の戦争からナポレオン戦争にいたる戦争など、国際秩序を動揺させた戦争もあった。しかしその他の多くの戦争は、覇権を狙う国とそれを阻む諸国との間の摩擦の調整としての意味を負わされていた。

二〇世紀の「安全保障」が登場する時代になると、戦争という「制度」はさらに大きな変質を被ることになる。ナショナリズムの時代をへて、国家の生存を賭けた全面戦争へと発展した第一次世界大戦は、戦争を「制度」として捉えるような視点を時代遅れにした。バランス・オブ・パワーの原理にしたがって、戦争を管理しようとすること自体が危険なことであると考えられるようになった。そこで導入された集団安全保障のための措置が、「戦争又ハ戦争ノ脅威ハ、聯盟国ノ何レカニ直接ノ影響アルト否トヲ問ハス、総テ聯盟全体ノ利害関係事項タルコトヲ茲ニ声明ス。仍テ聯盟ハ、国際ノ平和ヲ擁護スル為適当且有効ト認ムル措置ヲ執ルヘキモノトス」(国際連盟規約第一一条)、「戦争ニ訴ヘタル聯盟国ハ、当然他ノ総テノ聯盟国ニ対シ戦争行為ヲ為シタルモノト看做ス」(国際連盟規約第一六条)といった規定で表現されたものであった。さらには戦争自体の一般的な違法化が、一九二八年の「**不戦条約**」によってなされることになった。国連憲章第二条第四項が武力行使の禁止を謳ったのは、いっそうそれを徹底させるためであった。

集団安全保障体制においては、国際社会全体が、戦争を始めた一部の諸国と敵対するという構図が前提となっている。国際社会を代表する諸国と、規範逸脱者の間に、厳格な境界線を引くことが、集団安全保障体制の特徴なのである。これは「無差別戦争観」の終焉である。なぜならば戦争は、違法な戦争と合法的に認められる戦争とに区別され、規範逸脱者によって始められる戦争と国際社会全体の対応策としての戦争とに区別されるようになったからである。

ただし国際連盟の法学的アプローチにもとづく集団安全保障体制は、現実の裏づけを欠いており、諸国が国益に依拠して戦争行為に及んだ場合でも、なす術がなかった。また戦争の一般的違法化自体にも、

「自衛権」の例外に関する解釈の範囲をめぐって、諸国は実質的な合意をしていたわけではなかった。日本、イタリア、ドイツといった枢軸国が次々と戦争行為に及んでいくにつれて、一般的な戦争の違法化という規範は、形骸化していった。国連が設立されてからも、憲章第五一条の自衛権と憲章第七章の強制措置の発動という二つの違法性阻却事項に訴えることによって、数々の戦争の正当化がなされた。そのような事態は、国際連盟や国連が標榜する集団安全保障の枠組みが形骸化していることを意味した。

冷戦時代にバランス・オブ・パワーが復権すると、戦争に対する見方も変化した。実は冷戦時代にも、米ソ間の直接対決さえ避けられたものの、「**代理戦争**」と呼ばれた「**局地戦争**」が頻発した。これによって国連憲章によって違法化されたはずの戦争という行為が、頻発するようになった。しかも一体となって対処するはずの国際社会は、国連が一部の紛争に平和維持部隊を派遣したりする以外には、ほとんど全く行動できなかった。冷戦時代の局地的な戦争は、米ソの影響力行使の野心から離れていることはできず、ほぼ間違いなく米ソの敵対関係のいずれか一方に組み込まれた。冷戦時代に起こっていた戦争の多くは、大国の安全保障の観点から位置づけられてしまうようなものだったのである。もちろんそれは実際の個々の戦争が持っていた性質とは、別個の問題である。ベトナム戦争はアメリカにとっては共産主義勢力を封じ込めるための戦争であっただろうが、ベトナム人にとっては植民地解放運動としての性格や、ベトナム人同士の内戦としての性格も強かった。しかしいずれにせよ冷戦構造が厳然として存在していた国際社会では、いかなる地域紛争も容易に二つの超大国の勢力範囲をめぐるものへと発展してしまうのであった。冷戦時代には特有の構図においてではあるが、「ヨーロッパ国際社会」時代と同じように、「局地戦争」は国際社会全体の構造から見れば、ある種の「制度」として位置づけられるようなものだったのである。

しかしそのような戦争の位置づけも、冷戦終結とともにさらにまた変質していく。冷戦終焉後の時代においては、もはや戦争をバランス・オブ・パワーの一部とみなすことはできなくなった。多発する地域紛争は、国際秩序の攪乱要因として認識され、国際社会全体の一体となった対応がより強く求められるようになった。新しい時代を象徴したのが一九九一年の湾岸戦争であり、そこではイラクという侵略戦争、すなわち違法行為を行った国家に対して、国際社会全体が軍事力を用いて強制措置を課すという構図ができあがった。地域紛争に国際社会全体が対応するという流れは、実際の措置の成功・失敗にかかわらず、冷戦後時代にほぼ一貫して見られた構図であった。もっとも二〇〇三年のイラク戦争の場合には、主要国の間で明白な態度の相違が生まれ、国連安全保障理事会による授権がないままにアメリカとその他の若干の同盟国による「有志連合」が、政権転覆のための大々的な武力行使に踏み切るという事態が起こった。ただしイラク戦争の場合であっても、実際にフセイン政権下のイラクを支持する主要国が現れたわけではなく、またイラク戦争以外の場面で様々な協力関係を維持している米仏間の意見対立を、過度に強調するわけにはいかない。

現代国際社会においてさらに特筆すべきなのは、正戦論の復活とさえ言われている事態である。国際社会が団結して強制力に訴えてでも問題解決にあたるという一九九一年湾岸戦争以来の冷戦終焉後の時代の流れは、戦争の一方の側が武力行使にあたっての正当性を独占し、無法者に対峙するという構図を作り出した。さらに二〇〇一年九月一一日以降に超大国アメリカの主導で行われている「対テロ戦争」は、テロリストという国際社会の共通の敵に対して、国際社会の側が正義を独占して「戦争」を行う構図を推し進めた。テロ組織を撲滅するための戦争は、少なくともアメリカにとっては、正義のための戦争である。もちろんイラク戦争が正しい戦争であったかどうかについては大きな議論の余地があるとしても、もはや戦争違法論を唱えていれば、少なくとも規範論のレベルでは結論が見出せると考えられた時代は、過去のものになっている。

もともとアメリカという国には、ヨーロッパ諸国の場合とは異なる戦争観がある。一八・一九世紀のヨーロッパで、バランス・オブ・パワーの論理に従ったある種の制度としての戦争の理解があったことは、すでに述べた。しかし実はそれは、当時のアメリカには、あてはまらない。一八世紀末に独立戦争によってイギリスから分離したアメリカにとって、戦争とは政治共同体の命運を賭けて行うべきものであり、したがってあらゆる戦争には道義的価値がなければならなかった。逆に言えば、戦争を行うに値する価値規範が明白に挑戦されている場合には、断固として戦争を行うべきだとする思想的伝統も、アメリカには根強い。戦争には正当性を担保する道義的な裏づけがなければならないという感覚は、建国の歴史によって、アメリカ社会の奥底に深く刻み込まれている。そしてその感覚は、奴隷解放を正当化理由として遂行された南北戦争の連邦側の勝利によって、大きく補強された（篠田 二〇〇四b）。

アメリカ人たちは独立後も、ヨーロッパの権力政治を嫌い、バランス・オブ・パワーの論理に従った戦争を汚れたものとして見る傾向を持っていた。そのため一九世紀のアメリカは「モンロー主義」によって、ヨーロッパの国際政治とは距離を保つ外交政策を取り続けた。したがって一九世紀の国際社会が無差別戦争観に依拠していたという理解には、アメリカの存在に着目すれば、一定の留保が付けられる。アメリカの存在が一九世紀の国際社会の理解にあまり影響を与えないのは、一九世紀のほとんどの間、アメリカが「モンロー主義」を標榜してヨーロッパ国際政治に参入しようとしなかったからである。ただし、もちろん「モンロー主義」とは、武力を全く行使せずに、内向的な対外政策を持続することを意味するわけではない（中嶋 二〇〇二）。アメリカはむしろ西半球において独自の地域秩序の空間を作り出すことに熱心であった。自らの領土を拡大し続け、インディアンを武力で駆逐し、メキシコを戦争によって侵食し、太平洋岸にまで到達したアメリカは、ヨーロッパから見れば異質の戦争観と国際政治観を抱いていた。

第一次世界大戦と第二次世界大戦は、アメリカの参入によって、イデオロギー色が強まり、敵の全面降伏を求めるという徹底した態度によって貫徹されることになった。二つの世界大戦は限定戦争を繰り返し行うヨーロッパのバランス・オブ・パワーの機能不全を露呈したのだが、二つの世界大戦の新しい性格は、非ヨーロッパ文化を持つアメリカの参入によって決定付けられたものだったと言っても過言ではないだろう。

冷戦時代のアメリカは、ソ連という、核兵器を持つもう一つの超大国の台頭によって、伝統的な正戦観を捨てさり、むしろ抑制された安全保障政策を模索するようになった。だがその抑制は冷戦終焉後の時代には消滅し始め、今や現代国際社会におけるアメリカの行動は、世界的規模での「正戦論」の復活を準備しているようにさえ見える。しかもこの新しい正戦論は、「対テロ戦争」の時代において、テロリストを駆逐するという目的と組み合わされて、一つの安全保障政策として位置づけられ始めている。安全保障政策としての正戦という考え方は、過去の国際社会には見られなかったものであり、現代国際社会における新しい安全保障の潮流を示していると言えよう。

4――多様な安全保障

すでに「伝統的な」「国家安全保障」は、実は必ずしもそれほど古い歴史を持つ安全保障概念ではないことについてふれた。なぜ「国家安全保障」が「伝統的な」安全保障概念であると認識されているかというと、国民国家化が進んだ二〇世紀の国際社会の思考枠組みの中で、国家の安全を確保するための国家政策は何か、という問いについての人々の関心が高まったからにほかならない。したがって時代が変わり、異なる思考枠組みの中で、別の安全を確保するための政策へ関心が高まっていったのは、むしろ自然なことであると言えるだろう。注意しなければならないのは、現代国際社会で起こっている現象が、国家安全保障の衰退などではなく、安全保障概念の多義化である、という点である。

一九七〇年代の日本における「総合安全保障」の概念に見られるように、安全保障を軍事面だけに特化して捉えるのではなく、様々な分野にまたがる概念として捉えようとする動きは、かなり以前からあった。近年では、安全を保障する主体と、安全を保障される客体を、国家に限定する必要はないという認識も加わり、様々な主体と客体に関わる安全保障の概念が発達してきたのだと言える。言うまでもなく、「人間の安全保障」の概念は、安全を保障される客体として国家ではなく人間を設定してみようとする動きであり、近年の安全保障概念の多義化を象徴する一例だと言うことができる。

「対テロ戦争」はさらに、脅威の主体として非国家集団をはっきりと認識する国際社会の流れを作り出し、安全を保障する主体としての国家、安全を保障される客体としての人間との間の複雑な対応関係を、安全保障政策の分野にもたらした。二〇〇一年九月一一日のテロを受けて、アメリカが自衛権に訴えてアフガニスタンに潜伏するアル・カイダおよびタリバン勢力に軍事行動を起こしたとき、安全保障政策の複雑な構図が劇的に示されることになった。国連憲章にのっとってみても、自衛権を発動する主体が加盟国であることは明記されているが、発動対象が国家でなければならないとは書かれていない(国連憲章第五一条)。国連安全保障理事会等の権威的機関も、基本的にアメリカの自衛権発動の論理を認めた。国際法上も違反とはされない形で、新しい安全保障の構図は、国際社会の認知を受けたのである。

国際関係学の分野では、「分析レベル」をどこに設定するか、ということが方法論上の問題として以前から強く認識されていた(Singer 1960, 1961)。すなわち分析レベルを国家に設定して国家と国家の関係を描き出そうとする場合と、ミクロ的に諸個人に焦点をあてて外交交渉の状況などを描き出そうとする場合と、国際関係の総体図を描き出そうとする場合とでは、おのずと分析手法が異なってくる。しかも異なったレベルに設定された分析の相互関係をどのように整理していくかは、常に繊細で困難な問いになっていくのである。

仮に「伝統的」とされる安全保障概念が国家に焦点をあてる視点を前提にしていたとすれば、今日の安全保障はそのような平板な視点だけでは決して分析できない性格を持っている。異なる次元の安全保障問題が存在することを意識し、それぞれの次元での安全保障問題と、異次元間で錯綜する安全保障問題とを、多様な方法で捉えていかなければならないのである。そしてそのような安全保障問題の複雑さは、国際秩序のあり方にも大きく影響していると言える。

ある国家が非国家組織を相手に安全保障を目的にして軍事行動を起こすこともある（たとえば二〇〇一年のアメリカによるアフガニスタンでの武力行使）。ある国際組織が、国家内の諸個人の安全保障を目的にして軍事行動を起こすこともある（たとえば一九九九年のNATO軍によるセルビア共和国での武力行使）。国連が国際法上の正式な手続きにのっとって、国家内の諸個人の安全保障を目的にした軍事行動をとることもある（たとえば一九九一年のイラク北部におけるクルド居住区に関する安全地帯の設定や、一九九三年のボスニア＝ヘルツェゴビナにおける安全地帯の設定）。国連の全加盟国が、特定国に対して制裁を加えることもあれば（たとえば二〇〇六年の北朝鮮に対する経済制裁）、非国家武装勢力あるいはクーデタ政権に対して制裁を加えることもあり（たとえば一九九三年のソマリアのアイディード将軍の勢力に対する軍事制裁や、一九九七年のシエラレオネにおけるクーデタ政権に対する経済制裁）、国際的テロ組織に対して制裁を加えることもある（たとえば二〇〇一年のアル・カイダ系組織に対する経済制裁）。安全保障の構図が複雑になり、安全保障の主体と客体が多様化したことを受けて、安全保障の政策もまた多様にならざるを得ないのである。

重要なのは、安全保障の次元が多様化していく背景に、時代を貫く政治現象の動きがあることである。それは「責任化」、「社会化」、「国際化」といった概念で整理していくことができるだろう（篠田 二〇〇四a）。

安全保障概念の進展を考える際には、第一に、近代国家の立憲主義化・民主主義化の過程で政府に与えられた新しい役割とそれにともなう政府の「責任化」過程を見逃すことはできない。近代における立憲主義国家は、国民の安全に責任を持つ政府が、秩序維持・安全保障の面でその責任を全《まっと》うするだけの実力を持たなければならないこと意味した。そして国民の政治的・市民的権利を保護し、治安維持を保障する政府権力は、他のいかなる国内集団をも圧倒する立法・司法・行政能力を保持していなければならないことを意味した。そのためには当然、警察・軍事力が整備されなければならない。政府が国民の安全保障に責任を持つという考えは、立憲主義的国制の中で政府に与えられた役割に対応したものである。国家が立憲主義的性格を持つべきことを前提にして「責任化」を求める考え方は、今日の世界では、ますます重要な原則となりつつある。そして「責任」を至るところで求める態度は、安全保障概念が扱う範囲を広げる大きな要因となっている。

第二に、このような立憲主義的国家像の延長線上に、安全保障の「社会化」とも言える事態が起こることになる。一九世紀イギリスで全盛となった「夜警国家」観は、「**自由放任主義**」による資本主義を後押しした一方で、資本主義に対する敵対勢力の批判の対象ともなった。二〇世紀前半の世界恐慌は、「自由放任主義」の限界を、人々に確信させた。自由主義陣営でも、ケインズ主義によって推進された拡大された政府の役割が先進国で取り入れられ始めた。同時に、ドイツやソ連における全体主義的経済政策の有用性の認識も生み出された。総力戦として大量の国民を動員した第二次世界大戦後、イギリスにおけるベヴァリッジ・プランなどに象徴される福祉国家化の流れがヨーロッパを中心に定着し、それは一九八〇年代のいわゆる保守革命の時期まで続いていくことになった。アメリカにおいても、アファーマティブ・アクションをはじめとする政府の社会介入政策が定着し、また失業者対策などを含めた経済的・社会的権利の保障が政府の重要な仕事の一つと認識されるようになった。

第三に指摘できるのは、安全保障の「国際化」である。国内秩序にもとづく「責任化」や「社会化」の動きが発展した後、国際社会においても同様の観点から安全保障を制度化する動きが見られるようになった。一九世紀のヨーロッパ協調から、二〇世紀の国際連盟、国連、その他の国際組織へと至る歴史は、国際社会において安全保障の制度を拡充させていこうとする一貫した流れを示している。その過程において、「国際の平和と安全」に「責任」を持つ機関として、いくつもの大国、超大国、国際組織が、安全保障の概念を国際社会に導入する主体として登場した。しかも軍事同盟だけではなく、社会・経済分野の国際組織が、世界の人々の安全を維持するための活動を充実させていくという現象も起こったのである。

「国家安全保障」や「人間の安全保障」といった異なる次元での安全保障論を歴史的に捉え直してみると、「責任化」「社会化」「国際化」が進展する形で、安全保障が拡散していることがわかる。立憲主義に依拠する自由民主主義国家が広がり、国家機構に期待される役割も多分野に広がり、国境の枠内をこえて安全保障の裾野も広がっていく過程において、「国家安全保障」の意味する内容も変わり、新しい安全保障概念が生まれ、安全保障の枠組みに参画してくる組織も多様になっていった。このような国際社会全体を貫く歴史的な流れが、安全保障をめぐる議論の多様化の背景にあることは、確認しておく必要があるだろう。歴史的な流れの中で安全保障の概念を捉えていくことによって、どのような国際秩序像にもとづいて、安全保障の多義化が起こっているのかも、捉え直していくことができるのである。

5—現代国際社会における安全保障の意義

人間は安全を求める。人間が集団生活を営む公的単位として国際社会で認められている、主権を持つ国民国家は、自らを構成する人々の安全を保障するための責務を持っている。これは理論的にはホッブズやジョン・ロックによって代表される近代社会契約論によって説明された原理であり、近代国家が民主化を進め、人権規範が普及するにつれて、さらに強固になっていった原理である。したがって国家は警察機能などを通じて、第一義的には国民および自国の領土内にいる人々の物理的な安全を保障しようとする。さらには国民の社会的な生活を営めるような「社会保障」についても、努力をする責務を持っている。実はこの延長線上に国際社会における安全保障の問題も捉えることができる。ある国家の政府が国際的な環境での安全を維持するための努力を怠るならば、それは政府に与えられた責務を放棄して国民の安全の脅威を放置することにほかならない。「国家安全保障」はしばしば人間一人一人の安全保障の対概念とみなされるが、本質的な意味からすれば、前者は後者を総合的に達成するためにある。安全保障とは、主権を持つ国民国家が、国内社会において標榜する民主主義や人権規範の要請にこたえるために、国際社会で追求する政策のことなのである。安全に暮らしたいという人間の基礎的な欲求を無視することは、近代政治思想の諸原則を無視することであり、現代国際社会が持つ価値規範の支柱を無視することに等しい。

ただしその無視できない要請を満たすためにどのような方法がとられるべきかについては、現在の国際社会は決定的な答えを持っていない。もちろん実は国内社会においても人々の安全に対する脅威は常に存在しているのであり、その事情は国際社会と本質的に変わることはない。国際政治における安全保障の問題というと、国益を追求する諸国家が権力政治を繰り広げる方法の問題であるかのように捉える者もいる。しかし本来の安全保障とは、われわれが標榜する他の政治的価値を無視して国益を追求したりすることではなく、むしろ逆に、民主主義や自由といった政治的諸価値を達成するための前提となるものなのである。

もちろんこのように言うことは、安全保障が、常に予定調和的に国際社会において達成されるはずだと言うことと同じではない。国家を引き合いに出すまでもなく、われわれは国内社会においても、多くの人々の多くの安全保障上の要請がせめぎあうことを知っている。広大な領土を持つアメリカのような国家では、警察権力が及ばない地域に住む市民が武装した自衛の手段を保持することは、一定の支持を得ている。しかし言うまでもなく、一般市民の武装化を許すことは、犯罪を凶悪化させる効果を持つ可能性が高い。たとえば国家安全保障と人間の安全保障は本質的には矛盾しないと言ってみたところで、理論的には望ましくない行動をとる国家によって人間の安全保障が脅かされたり、複数の国家の安全保障政策の間や、人間の安全保障の複数の要請の間に、無数の摩擦が生まれたりすることを、完全に避けることはできない。

安全保障の問題とは、人々の安全を保障する方法についての不断の考察と実行によってなりたっている問題領域である。国内社会とは異なる方法に訴えて国際社会で安全保障は模索されるが、しかし人々の安全を守るという要請は、国境を越えて、そして国内社会と国際社会の領域線を越えて、普遍的に残り続ける。おそらくは全ての人間あるいは政治共同体の安全が完全に保障されたという状態は、ほとんど永遠にやってこないだろう。仮にひとたび実現したとしても、その状態を維持するためにはやはり不断の努力が必要になる。しかしわれわれの生きる国際社会は、そうした終わることのない安全保障の要請を極めて強く認識しており、その要請にこたえることの意義を最大限に認めようとしている。方法論をめぐる論争は果てしなく続くが、安全保障に価値を見出し続けるわれわれの要請もまた、果てしなく続いていくのである。

第6章 民主主義

今日の国際社会においては、民主主義はほとんど否定されない権威を持っている。かつて民主主義とは、危険な多数者の統治を意味していた。しかし二〇世紀の大衆化の時代をへて、民主主義は広く国際的に認知された価値規範となったのである。さらに最近では、民主主義国家が互いに戦争をしないというテーゼなどが大々的に主張され、各国の民主化支援が国際平和達成の道であると主張されるようにまでなっている。テロリスト組織などは民主主義の妥当性を否定したりするが、それはかえって国際社会の主要なアクターが今や民主主義を国際秩序の確固たる一原則として認知していることの証左でもあると言えるかもしれない。国家体制の選択の問題であるはずの民主主義は、必ずしも公式の法的原則として国際社会で主張されているわけではなく、むしろ政治運動の中で力を発揮してきている価値規範である。

1—民主主義の地位

今日の国際社会で、**民主主義**（democracy）は推進すべき価値の一つだとみなされている。ブトロス・ブトロス＝ガリ元国連事務総長は、『民主化への課題』を著し、民主主義こそが平和や人権などの他の諸価値を実現するための基盤であると主張した（Boutros-Ghali 1996）。あとを継いだコフィ・アナン前事務総長も、頻繁に民主的価値の実現の重要性を強調した（Annan 2001）。各国の政府代表は外交的な場面で繰り返し民主主義を広めることについてふれているし、ジョージ・W・ブッシュ米国大統領は、二〇〇三年のイラク戦争も民主主義の名において正当化できると主張した。民主的ではない政府を武力で転覆することは違法ではない、と考える有力な国際法学者もいる（Riesman 2000）。民主主義を理由にした内政干渉を認めない人々の間でも、民主主義の価値自体を否定することは稀である。アメリカのイラク占領による民主主義の押し付けは、決して本当の民主主義を根付かせたりしないと批判する人々も、イラクが民主主義国家になること自体を否定的に考えるわけではない。民主主義を掲げたアメリカの外交政策を糾弾する者も、民主主義それ自体に価値がないと言うわけではなく、むしろただアメリカの語る民主主義はまやかしであると言うにすぎない。民主化を理由にした軍事介入に懐疑的な国際法学者も、民主主義が広がること自体は歓迎すべきことだと語る（Byers and Chesterman 2000）。民主主義の信奉者は、欧米諸国だけにとどまらない。たとえば中国がアフリカ諸国の首脳を招いて開催した会議の共同宣言などでも、民主主義への共通の信奉が繰り返し表明される（Forum on China-Africa Cooperation 2006）。

おそらく民主主義がこれほどまでに国際社会が共通の基盤とすべき価値規範として語られたことは、歴史上かつてなかった。もちろん世界には依然として民主主義国だとみなすことができない諸国が多数存在している。民主的制度を国制の原理として導入していない国も、相当数ある。国際法において、民主主義を直接的に規則化している条約はない。むしろ国家の内政にかかわる政治体制の問題については、国際法はかかわらないとするのが、伝統的かつ原則的な国際法の姿勢である。

しかしそれにもかかわらず、今日の国際社会の主流あるいは多数派を構成する諸国は、民主主義の原理を国際社会に導入することを原則として否定していない。またたとえ国家主権の尊重や内政不干渉の徹底を唱える国はあっても、民主主義の価値自体に挑戦しようとする勢力は、今日ではほとんど見られない。

われわれはすでに民主主義を至高の価値を持つものであるかのように扱う現状に慣れてしまっている。しかしこれは決して古くからある現象ではない。一八世紀末のアメリカ独立革命やフランス革命において、民主的理念が現実のイデオロギーとして力を得たとしても、一九世紀には民主化推進勢力と保守的勢力との間のせめぎ合いが続いた。そもそも二〇世紀以前の市民革命は、民主主義の名において正当化されたわけではない。アメリカ革命やフランス革命の後に語られた政体は「共和制」であって「民主制」ではなかった。

注意しておかなければならないのは、単に同じ意味を持った「民主制」が、国際社会の歴史においてその価値を浮沈させてきたわけではない、ということである。「民主制」の持つ意味は、時代に応じて変化してきている。たとえば「民主制」と「共和制」の関係の歴史が、そのことを物語る。一八世紀当時「民主制」ではなく、「共和制」であると理解されていた政治制度の概念は、今日ではほとんど消滅した。確かにフランス「共和制」や、アメリカの「共和党」の概念の中に、「共和主義」の伝統は息づいている。しかし「共和制」は、もはや国際的に流通している概念だとは言えない。少なくとも国際社会全般に共有されている「共和制」の概念が存在しているとは言えない。一八世紀までの思想史に即して言えば本来「共和制」と言うべき政治体制が、「民主制」と言い換えられてしまっている状況が一般化しているからである。

「共和制」とは、「君主制」の対概念であり、特定の個人が国家を支配するという「君主制」の原理を否定する国制を意味する。そこから政治共同体の構成員が、自発的に「公的空間」の形成に寄与するという「共和主義（republicanism）」の伝統が生まれた。一八世紀の市民革命を突き動かしたのは、このような「共和主義」のエネルギーであった。

これに対して「民主制」とは、そもそもは大衆の支配する政治のことを意味し、支配者層の数によってその存在が決せられる概念である。「多数者の支配」である「民主制」は、「個人の支配」である「王制」とともに「少数者の支配」である「貴族制」とも対立する。かつてこうした「数」の原理によって理解された「民主制」が、構成員の政治共同体への貢献を強調する「共和制」よりも魅力のないものに感じられたのは、当然であった。しかし二〇世紀になると、民主主義へのこうした否定的な見解は減退した。大衆迎合的な政治が蔓延するようになり、逆に「共和主義」の美徳とされていたものが、「民主主義」の中で語られるようにもなっていった。これは思想史における一種の革命的展開である。

今日の国際社会においては間違いなく、「民主制」が「共和制」に対して、その流通度において勝利を収めている。しかしそれは歴史的な意味で、「民主制」が「共和制」に勝利した結果であるわけではない。むしろそれは、「民主制」が「共和制」の意味を含みこんだ結果である、と言うことができる。つまり「民主制」の勝利は、その競合者を論駁した結果ではなく、吸収した結果である、と言うことができるのである。

「民主制」の価値が上がり、「共和制」があまり語られることがなくなるという政治思想における転換が起きたのは、二〇世紀になってからのことである。その転換の決定的な推進力となったのは、二〇世紀前半の二度の世界大戦であった。大衆の支持なくしては勝ち抜くことが不可能であった「総力戦」は、ヨーロッパ諸国の政治システムの大衆化を促した。第一次世界大戦は、最終的に勝者となったイギリスやフランスといった協商国側から見た場合、君主制をとるがゆえに好戦的なドイツ、オーストリア、トルコに、民主的な国家が対抗した、という構図によって説明されるものであった。また第二次世界大戦は、連合国側から見たとき、独裁者ヒトラーのドイツに対抗する民主主義諸国、という構図によって図式化された。この構図は、理念にもとづいて戦争を正当化し、遂行する傾向を持つアメリカがそれぞれの世界大戦に参戦していくにつれて、さらに明白になっていくものであった。

民主主義は、大衆動員が必須であった二〇世紀の戦争をイデオロギー的に正当化しようとした諸国によって強調され、高い地位を与えられるようになった。国内制度が急速に民主化したのも、第一次世界大戦の戦勝国においてであった。欧米諸国で普通選挙権が確立されるようになったのは第一次世界大戦以後のことであり、男女平等の普通選挙権が導入されるようになったのは、さらに遅い。国際社会を主導する諸国が民主主義を標榜するようになったのは二〇世紀になってからのことである。二〇世紀後半にようやく、民主主義は、国際社会を構成する価値規範としての地位を固め始めていくのである。

非民主的だから戦争を起こしたと考えることは、戦争が民主化を促したと考えることと、全く矛盾しない。世界大戦という強烈な体験があったからこそ、欧米諸国に民主主義を基準とする強固な価値規範が形作られた。民主主義の普遍化は、ある意味で、戦争によって進展したのである。しかも重要なことにそれは、民主化によって平和な社会が作られる、という発想によって進められたのではない。戦争によって必然的に発生した政治の大衆化に、社会制度を適合させる役割を、民主化は果たした。現在の国際社会における民主主義の卓越した地位は、そうした決定的な戦争体験によって形作られたものであるがゆえに、仮に理論的な裏づけがまだ完全ではないとしても、決して疑問視されることがないのである。

さらに指摘できるのは、二〇世紀後半に展開した「冷戦」というイデオロギー闘争において、「民主主義」は双方が奪い合う錦の御旗のようなものであったことである。冷戦中に多くが語られた他の政治的価値の中でも、たとえば「自由」という概念は、いわゆる自由主義陣営が共産主義陣営の全体主義的性格を攻撃する際に使う排他的なイデオロギーであった。共産主義陣営の側も、ことさら「自由」を旗印にすることを目指すことなく、むしろ自由主義陣営の「自由」が階級的格差にもとづく強者による弱者の搾取につながることを主張するのが常套手段であった。また「平等」について言えば、たとえば自由主義陣営の牙城であるアメリカは、「機会の平等」を重視したとしても、「配分的正義」にもとづく「実質的平等」の実現に関しては懐疑的な態度を取り続けた。しかし「民主主義」に関しては、事情は異なっていた。自由主義陣営と共産主義陣営の双方の側が、自らの側こそが真に民主的であることを信じ、そのように主張した。もちろんその「民主主義」の内容には相違があった。自由主義陣営諸国が選挙を通じた代議制民主主義の制度を重視したとすれば、共産主義陣営諸国はより直接的な人民主権論を強調した。「冷戦」時代においては、敵対する陣営の双方が「民主主義国」であり、あるいは少なくとも「民主主義」を標榜していたため、どちらが本当の「民主主義国」であるかがイデオロギー闘争の焦点となったのである。「民主主義」の価値を争う時代が終わり、「民主主義」の価値自体は争う余地のない至高のものとなった。そこで次に、どの国が「真の民主主義国」であるかに争点が移行していったのだと言える。

このように二〇世紀後半に確立した民主主義の政治的地位に、実は一九世紀に基礎が固められた現存の国際法は追いついていない。したがって逆説的ながら、民主主義の国際的地位は、依然として非形式的なものである。あるいは超法規的なものである。現在の国際法体系の中に民主主義の卓越性を保障する規範が存在していると考える者は、必ずしも多くない。もちろん国際人権法は、選挙権を人権規範の一部として謳っている（世界人権宣言第二一条第三項、自由権規約第二五条）。しかしそれは決して民主主義一般を擁護するものではない。なぜなら選挙は、民主制を不可避的に要請するものではないからである。

理論的に言えば、選挙によって人民が非民主的な政体を選択することは可能である。

もっとも地域機構の中には、民主主義を加盟国共通の理念として掲げているものもある。一九四八年の米州機構（ＯＡＳ）憲章は、前文において、代議制民主主義が平和や発展の条件であることを宣言した。一九九二年に採択された「ワシントン議定書」は憲章を修正して、第九条において、加盟国の民主的に選出された政権が武力で転覆された場合には、その加盟国のＯＡＳへの参加は著しく制限され、民主的政権の復活が強く促されることを定めた。その他の修正条項でも、民主主義がＯＡＳの拠って立つ原理であることが繰り返された。また一九九二年の「欧州連合に関する条約（マーストリヒト条約）」は、前文において、「自由、民主主義、人権及び基本的自由の尊重並びに法の支配の諸原則に対する愛着」を宣言している。二〇〇〇年に採択されたアフリカ連合（ＡＵ）憲章（Constitutive Act）も、まず前文および目的・原則を定めた第三・四条で民主的制度・原則の促進を謳っている。これら三つの地域機構の加盟国総数は一〇三にのぼる。しかしそれでもなお、民主主義がむしろこのような地域機構条約において強調されているという事実は、国際法においてはまだ民主主義が普遍的な地位を獲得しえていない現状を明らかにする。

政治的価値としては高い権威を持っていながら、法的には普遍性を獲得していないという民主主義をめぐる状況は、民主化支援を民主主義それ自体のためとしてではなく、人権などの他の規範の窓口を通じて行っていくという国際社会の態度を導き出す。一九四八年「世界人権宣言」第二一条第三項は、選挙権の行使を普遍的な人権の一部として明文化した。これを受けて一九六六年「市民的及び政治的権利に関する国際規約」は、第二五条において、「すべての市民」の選挙に関する権利を明記した。「あらゆる形態の人種差別の撤廃に関する国際条約」第五条(c)や、「女子に対するあらゆる形態の差別の撤廃に関する条約」第七条(a)も、選挙権を規定した。さらに「ヨーロッパ人権条約第一議定書」第三条、「米州人権条約」第二三条(b)、「アフリカ人権憲章」第一三条(1)(2)も、選挙権を人権の一部として認めている。このような諸条約を見ると、政治的原則としての民主主義からはとりあえず切り離されて、より普遍的な権威を持つ人権規範の中に位置づけられた選挙権を通じて、「民主化」の道筋が模索されてきていることがわかる。

国際法における人権規範の普遍性（本書第7章参照）は、国内体制が各国の人民によって自由に選択されることと両立しうるものとして、あるいは両立していなければならないものとして、考えられている。つまり国際法は、人権規範の普遍性と、民主主義の非普遍性とを前提にして、成立している法体系なのである。このことから示されるのは、今日の国際社会における民主主義の価値規範としての卓越性が、法的なものではなく、極めて政治的なものだということである。

2—民主主義の思想

近代になって民主主義が開花したとする歴史観に依拠すれば、民主主義の契機は中世の封建体制の下で抑圧されていたが、宗教改革、市民革命、産業革命をへて、その抑圧から解放された、ということになる。だがこうした歴史観は、必ずしも間違いだとは言えないにせよ、一面的である。まず本来開花すべき民主主義が長い間「抑圧」されていたという見方は、近代西欧の価値観を尺度にして、歴史を、西洋および西洋以外の地域の歴史を、把握しようとすることにほかならない。民主主義は、二〇世紀以前の長い間、単に抑圧されていたのではなく、価値の少ないものとして扱われていたのである。

中世キリスト教世界において、思想的に重要な問題は、キリスト教の理念にしたがった人間の生活であり、政治体制であった。また封建制度に依拠した社会経済体制は、名誉とか忠誠心といったものを重要視する思想傾向を作り出した。そうした環境においては、多数者による政治支配体制を作るということは、決して重要な問題とはなりえなかった。問題になるのは、為政者がキリスト教の理念にしたがい、名誉ある統治を行うかどうかということなのであった。もちろんキリスト教的価値観は、近代において、階級を超越した人間の尊厳を認めるイデオロギーとして、民主主義の推進に作用した。しかしそれもあくまでも近代の思想状況に照らしてのことである。本来は宗教的な価値観は、政治体制を超越したものであり、いわば「超」民主的なものであった。

西洋においては、中世後期からルネサンスの時代にかけて、古代ギリシアの思想が大きな影響力を持った。人間の存在それ自体を肯定的に捉えようとする思想傾向の広がりは、近代における非民主的体制の崩壊の一因となったということは正しいだろう。しかし古代ギリシアの思想が民主主義を肯定するものであったかといえば、それは正しくない。

「民主制」という古代ギリシアの国制分類に由来する概念は、大衆による政治という意味を持っていたが、プラトンやアリストテレスは、「民主制」は大衆が思慮を欠いた感情的な統治を行う「衆愚政治」に陥る危険性が高いものとして、否定的な評価を下していた。プラトンの師にあたるソクラテスは、アテネの「衆愚政治」の犠牲となって、無実の罪で捕らえられて死を迎えた（プラトン 一九六四）。実際に民主的な政治システムを取り入れたアテネが「衆愚政治」によって国力を衰退させたという歴史認識もあって、長い間ヨーロッパでは「民主制」は肯定的に扱われることはなかった。

もっともすでに述べたように、事情が複雑になるのは、古代ギリシアに端を発する古典的な「民主制」の定義が、今日の民主主義国が採用している「民主制」の理解とは一致しないためである。なぜなら古代ギリシアの大衆による支配とは、古代アテネのように、成人男性が一堂に会して行われる集会が、最高権威を持つことを意味したからである。アリストテレスは、小国において民主制は一定の有効性を持つが、大国には王制が適していると記している（アリストテレス 一九六一）。古典的な「民主制」の概念は、今日の国際社会を構成するほとんどの国民国家では、物理的な適用が不可能であるようなものだったのである。

名誉革命後のイギリスでは、「混合王制」が語られた。国王が君臨する王国に、貴族院の「貴族制」の要素と庶民院の「民主制」の要素が混ぜ合わされたのがイギリスの国制であるという理解には、「民主制」を含むそれぞれの国制の短所を補うという含意があった（Blackstone [1765-1769] 1973, 36-38）。一八世紀以降の大英帝国の繁栄は、民主主義の要素を統制のとれた議会主義の中にとりこんでいく政治体制の利点を示すものとして賞賛された（モンテスキュー 一九八九）。イギリスの「混合王制」は、決して民主制ではないが、しかし民主制の長所を生かすものだと理解されたのである。大英帝国の栄華によって繁栄を極めた時代のイギリスが誇った国制は、民主制ではなく、せいぜいが「代議制統治」システムであった（ミル 一九七一、一九九七）。

アメリカ独立革命や、フランス革命も、必ずしも民主主義の名において行われたわけではなかった。むしろ革命後の北米独立一三州やフランスにおいて、「民主制」ではなく「共和制」が語られた背景には、「人民主権」を掲げた場合でも、必ずしも「民主制」を主張するわけではないというヨーロッパの政治思想の伝統があったと言える。人民に主権が存するという原理に依拠しつつ、人民が持つべき市民的美徳を強調する「共和制」は、決して大衆の恣意的な統治としての「民主制」と同じではなかった。しかもアメリカにおいては、さらに連邦制と権力分立の原則を徹底させた合衆国憲法が導入されるに至り、独立直後の人民主権の要素は、制度的に押さえ込まれたのである。

英米圏で確立された政治体制は、民主主義を近代的な「立憲主義」の枠組みの中で修正して発展させるという新しい流れを作り出した。二〇世紀になってから、イギリス人も、アメリカ人も、自国の政治体制を「民主制」と表現するようになった。二〇世紀になる頃には制限されていた選挙権の規定などが次々と撤廃され、普通選挙制度が確立されるようになって、両国でも「民主制」がようやく定着することになった。しかしそれでもなお、現存する国家の中で最も古い政治体制を維持している両国の「民主制」が、立憲主義の時代に大きく修正された「民主制」であることは確かである。このいわば制度的に「埋め込まれた民主主義」とでも呼ぶべき「民主制」が、近代における英米の政治思想を特徴づけるものであった。

一方、フランスでは、共和制はナポレオンの独裁体制に行き着くことになり、その後は社会主義の台頭も影響した混沌とした政治思想の時代を迎えることになった。ジャン＝ジャック・ルソーがフランス革命の思想的基盤となる『社会契約論』を著した際の大きな課題は、人民の独裁に陥ることを避けながら、いかにして古代ギリシアに見られた政治共同体を再現するか、ということであった。ジュネーブのような都市国家に理想郷の姿を追い求めたルソーは、市民全員が参加する集会を恒常的に開催するような非効率的な政治制度を避けながら、「一般意思」という政治概念を導入することによって、共同体の意思が構成員の意思と一体化する純粋に民主的な国家理論を構想した（Rousseau［1762］1968）。ルソーの一般意思説は、ルソー自身の『社会契約論』における議論の裾野を越えて、G・W・F・ヘーゲルを頂点とするドイツ国家哲学に取り込まれ、一九世紀から二〇世紀にかけての西洋政治思想に巨大な影響を与えた（Merriam 1900）。イギリスとは異なり、ヨーロッパ大陸においては、人民主権の理想を追求する思想的伝統が開花していった。そして「民主主義」は、一般意思説を基盤とした国家哲学の中に昇華されていく傾向を持ったのである。

ヨーロッパにおいては、民主主義はさらに社会主義の思想とも結びついていくことになる。労働者階級による革命を予言したマルクス主義の形をとって、「共産主義という妖怪」（マルクス・エンゲルス 一九五二）は、一九世紀のヨーロッパを席巻し、急速に全世界に広まっていった。その過程で社会主義あるいは共産主義の原理こそが、民主的な原理であるとの思想も広まっていくことになった。非ヨーロッパ圏であっても、産業革命の余波を受けて近代化を進めているような諸国においては、労働者階級が多数者の階級となっていた。共産主義の語る「プロレタリアート独裁」が民主的な原理である、と信じられていく土壌が、そこに存在したのである。

また市民全員参加の集会を開かずとも、そして選挙による代議制政治という機械的な民主制を導入せずとも、「一般意思」を反映して有機的な人格を付与された国家が、民主主義の本質を体現する、という思想は、二〇世紀の共産主義体制下の国家思想にも色濃く反映されることになった。実際には独裁体制でしかなかった冷戦時代に誕生した共産主義国家の多くが「民主」という語を国家名に入れていたが、それはこうした「一般意思」説の恣意的で特殊な解釈の上に生まれた現象であった。さらに脱植民地化の流れの中で独立した新興諸国は、民族の一体性を基盤としたある種の「一般意思」説にのっとって、民族自決権の純粋な行使が、自動的に民主的な国家を成立させる、という理論を振りかざしていった。

このように近代以降の「民主制」理論には、二つの大きな流れがある。一つは英米流の議会制民主主義であり、そこでは民主主義が立憲主義の枠組みの中で制限されている。英米流の民主制の理解に反発する、大陸流のもう一つの民主主義の観念は、一般意思の実現という抽象的な原理によって、より高次元の民主主義の実現を目指そうとする。ヨーロッパにおける、あるいは他の地域における、民族自決や脱植民地化運動の動きは、大衆運動こそが民主化への道であるという思想によって、民主主義の理念によっても正当化されるものだとみなされていたのである。

ただしこのような二つの民主主義の理解は、「歴史の終焉」が語られるようになった冷戦後の現代世界における英米流の民主主義の圧倒的優位によって、大きな転換を見せるようになった（Fukuyama 1992）。もはや二つの民主主義の理解の間の均衡はなく、むしろ英米流の民主主義こそが唯一の民主主義であるという感覚が広まっている。民主主義は、近代における修正的制限を受けた上で、超大国の庇護を受けるようになり、少なくとも政治的な意味での普遍化の道を進むまでにいたったのである。

3―民主主義国間の平和

国際関係学の分野では、**「デモクラティック・ピース**（democratic peace）」という概念が定着している。なおその妥当性の範囲をめぐる議論は行われ続けているが、「デモクラティック・ピース」と呼ばれている現象が、現実の世界に存在していることについては、広範囲に認められ始めている。「デモクラティック・ピース」とは、「民主主義国家は互いに戦争をしない」というテーゼであるが、一九世紀初頭の米英戦争を最後に、実際に一度も民主主義国家は互いに戦争をしておらず、このテーゼの正しさは歴史的に証明されているという主張が、その根拠になっている（Russett 1993）。

すでに述べたように、「民主主義」の概念は、二〇世紀になってから意識的に「民主主義国家」によって採用され始めたので、「デモクラティック・ピース」の概念は、多分に分析者の「民主主義国家」の定義によって左右されることになる。たとえば果たして一九世紀前半のイギリスおよびアメリカが本当に「民主主義国家」であったかどうかは、必ずしも簡単に断言できる問題ではない。庶民院議員を選出する権利ですら著しく制限されており、国王と貴族院に多くの権限が残されていたイギリスはもちろん、当時はアメリカにおいてすらも、普通選挙権は実施されていない状況であった。仮に一九世紀のアメリカが民主主義を十分に達成していたとしても、各州（State）が凄惨な武力対立を繰り広げた南北戦争をどのように扱うべきかという疑問は、重大な論点となる。南北戦争を考察の対象から外すとすれば、「デモクラティック・ピース」は互いに主権を認め合う諸国家の間の平和だけを意味し、政治共同体（集団）と他の政治共同体（集団）との間の平和には係わらないという限定が付せられることになる。内戦が蔓延する現代世界において、この限定は大きなジレンマに陥る。また二〇世紀になってから多く生まれた共産主義国家のような「自称」民主国家を「民主主義国家」の範疇から除外するためには、分析者の側に民主主義を認定するための十分に「客観的」な指標がなければならないことも、指摘しておかなければならない。

さらに言えば、「民主主義国家」同士が戦争をしていない状態の説明を、「民主主義」という属性に求めるのか、その他の点に求めるのかは、簡単には決めることができない。たとえばアメリカ合衆国とカナダは、長い国境線を共有していながら、「戦争」をしたことがない。これは「デモクラティック・ピース」の典型例だと言われる。しかしそれでは両国の間に全く武力行使を伴う摩擦が存在せず、安全保障上の脅威が存在しなかったかと言えば、それは間違いである。独立戦争時およびその後の時期に、アメリカ連合側は英領カナダに何度となく武装兵を送り込んでいる。カナダを侵略すべきだという議論は、一九世紀になってもアメリカ国内に存在していた。そのためカナダ側では、北米大陸の「大国」と接する国境付近の警備を怠ったことはなかった。もちろんカナダが独立し、両国の「民主主義」の度合いが高まるにつれて、両国は互いの警戒心を解くに至った、と言えないこともない。しかしそれは国際社会の安全保障環境の変化によって生まれた現象であったのか（アメリカはイギリスとの対立を安全保障上の理由で避け続けた）、民主制という政治体制上の属性、あるいは民主主義という政治思想上の理由で生まれた現象であったのかを判断するのは、簡単な作業ではない。

また冷戦時代にお互いの間の戦争行為を避け続けていたのは、「自由主義陣営」だけではなかった。中国とソ連の離反、およびそれに触発された中国とベトナムの間の衝突などの例を除けば、共産主義陣営内においてもおおむね相互の戦争行為は防がれていたと言うことはできる。冷戦時代に関する「デモクラティック・ピース」論は、敵対する二つの陣営のそれぞれの内側において国家間戦争はあまり起きなかった、ということを意味するだけに過ぎない恐れがある。

しかも仮に「デモクラティック・ピース」論の妥当性を認める場合でも、この議論には、「民主主義国家」内の「内戦」には係わらないばかりではなく、「民主主義国家」と「非民主主義国家」の間の戦争についても一切係わらないという限界があることにも、十分な注意が必要である。つまりしばしば誤解されるが、「デモクラティック・ピース」論は、「民主主義国家」が平和主義的であるということを、全く意味しないのである。それはあくまでも単に「民主主義国家」同士が戦争をしないというテーゼでしかない。「民主主義国家」が互いに戦争をしていないということは、「民主主義国家」が平和的であることと、必ずしも同義ではない。

たとえばアメリカという「民主主義国家」が、タリバン政権下のアフガニスタンやフセイン政権下のイラクなどに対して次々に率先して戦争を仕掛けたとしても、それは「デモクラティック・ピース」論の反証にはならない。「民主主義国家」（アメリカ）が、別の「民主主義国家」（イギリス）と戦争を行ったとき初めて、「デモクラティック・ピース」論は動揺することになる。つまり仮に「民主主義国家」は相互に平和的であっても、異質な国家に対しては平和的ではないということは、「デモクラティック・ピース」論の中に、最初から内包されている点なのである。これは、「デモクラティック・ピース」論の反駁ではなく、「暗部」の指摘である（Geis, Brock, and Müller 2006）。

したがって「デモクラティック・ピース」論は、世界中の国々が民主主義国になって初めて平和を保証するような理論であり、それ以前の段階については、幾つかの諸国の間の戦争の不在を部分的に説明するに過ぎない。逆説的ながら、こうした事情により、「デモクラティック・ピース」論は、対外的な膨張主義を理論的に正当化する要素も持っている。なぜなら民主主義国家になれば互いには戦争をしないのであれば、仮に強制的な手段を用いてでも、非民主主義国を民主主義国に作り変えることは将来の長期的な平和に役立つ、ということになるからである。平和のための戦争、という論理に、場合によっては妥当性を与えることになるのである。ブッシュ大統領が、アメリカのイラクへの関与を、そうした観点から捉えていることは確かである（White House 2006）。

「デモクラティック・ピース＝民主主義的な平和」という言葉は、決して厳密な概念整理の上で用いられているものではない。それは民主主義が自動的に平和をもたらすということを、実は全く意味していない。むしろ「デモクラティック・ピース」論が示唆するのは、世界中が完全な「民主主義国家」で覆われたときに、あるいは世界大の永続的な平和が訪れるかもしれないという一つの仮説である。そしてその仮説が一際輝くのは、世界中に民主主義を広めるための政治運動を正当化するイデオロギーとして機能するときなのである。

4―民主化による平和

「デモクラティック・ピース」論とは、民主主義国の間で戦争が起こっていないという統計的事実の解釈をめぐる議論であった。これに対して、民主主義がその性質上、国家を平和的なものに作り変えていくとする別の議論もある。それは「デモクラティック・ピース」論とは異なるところで、一定程度の影響力を持った見方である。

元国連事務総長のブトロス＝ガリは、冷戦後世界の国際平和活動のあり方に大きな影響を与えた『平和への課題』において、「紛争後平和構築（post-conflict peace-building）」活動を構成するものとして、選挙監視や、統治機構の改革および政治参加過程の促進をあげていた（Boutros-Ghali 1992, para. 55）。ガリは明快に民主主義の価値を肯定し、「どのような新しい安定的な政治秩序においても、法の支配や意思決定の透明性などの民主的実践と、真の平和と安全の達成との間には、明白な連関がある」とした。ガリが単なる選挙による代議制政体の実現以上のものを「民主的」なものとして想定していたことは、

「民主的実践（democratic practices）」の内容として「法の支配や意思決定の透明性」をまずあげていたことから推察することができる。ガリにとって「民主的実践」は、「良き統治（good governance）」とほとんど同義であった（Boutros-Ghali 1992, para. 59）。ガリは平和と安全を実現する「良き統治」として民主主義を理念化し、その実現を図ることが「紛争後平和構築」の目的になると考えたのであった。

ガリは後に退任間際に発表した『民主化への課題』において、さらに民主主義と平和のつながりについての信奉を披露した。まずガリは、「**民主化**（democratization）」を、より開かれた、より参加的で、より権威的ではない社会に至る過程」だと定義し、「民主主義（democracy）」を「諸々の制度や機構を通じて、人民の意思に依拠した政治権力の理想を具現化する統治システム」であると定義した。その上で、次のように論じた。「民主的制度・過程は、競合的利益を討論の場へと転換し、議論に参加する全ての当事者によって尊重されうる妥協の手段を提供し、相違・紛糾が武力紛争・対立へと発展する危険性を最小化する。民主的政府は、市民によって自由に選ばれ、定期的で真正な選挙や他の機構を通じて責任を持たされているので、より良く法の支配を促進・尊重し、個人・少数者集団の権利を尊重し、社会紛争を効果的に処理し、移民を吸収し、疎外された集団のニーズに対応するだろう。……このように民主主義の文化は根本的に平和の文化である」。さらにガリは国家間の平和についても次のように主張した。「民主的に選出された政府に与えられた正統性は、他の民主的国家の人々への尊重を持ち、国際関係における交渉、妥協、法の支配への期待を促進する」（Boutros-Ghali 1996, 4-7）。

果たして民主主義が、ガリが期待するほどの特効薬として働くかどうかについては、検討の余地があるだろう。しかもガリは、民主化・民主主義の促進は、内政不干渉の原則からの逸脱ではないと主張し、各国は独自の民主化・民主主義の道を歩むべきだとも強調した。民主主義の内容を広げてしまうと、ガリが期待する多元的な社会とは異なる中央集権的な民主主義でさえも肯定されるのではないか、との疑問も提示できるだろう。

だがそれにしてもガリのように平和と民主主義を結びつける見解が、冷戦後の国際社会で広範囲な支持を得ていることは確かである。現実の効果がどれほどであるかは別として、民主化は平和への道であるという信念が、国際社会に広まっている。長期的に存続しうる平和の文化を育む制度としての民主主義、あるいはその方向性へ向かっていく過程としての民主化が、永続的な平和の基盤を確立するとみなされているのである。

やはり民主化と平和のつながりを見出すロバート・ダールによれば、大衆の政治参加という実質的要件を満たすものとしての民主化は、次のような利益をもたらすという。残忍な政権の防止、市民の基本的権利の保障、広範囲な個人的自由の保障、構成員が自らの基本的利益を守ることの手助け、自決の自由を行使するための最大限の機会の保障、道義的責任の最大機会の提供、人間の発展の促進、相対的に高い程度の政治的平等の促進、互いには戦争をしないこと、裕福になる傾向があること、である（Dahl 1998, 46-61）。つまり民主主義は、政府による圧制を防いで市民の権利を保障し、しかも相互には戦わずに繁栄するというわけである。このような考え方の根拠になっているのは、政府の圧制を温床とする紛争を防止するためには、大衆参加によるチェック機能を働かせることが有効だという見方である。そこで大衆参加を促すものとしての民主化が、平和に近づく道であるという推論が導き出されるのである。

この推論に依拠して、平和を目的とした国際社会の活動が、民主化支援という形で表現される場合も多々ある。国連だけではなく、欧州安全保障協力機構（ＯＳＣＥ）やＯＡＳなどの地域機構、さらには様々なＮＧＯが、選挙支援から、政党支援・メディア支援などを含む広範囲な民主化支援を打ち出している。

国連では、一九九一年の総会決議（A/RES/46/137）を受けて（Beigbeder 1994, 102）、一九九二年に政務局内に選挙支援ユニット（Electoral Assistance Unit）が設立された。その目的は、第一に「普遍的そして地域的人権文書によって確立された国際的に認知された基準に従って、信頼できる正当な民主的選挙を実施する加盟国の努力を支援すること」であり、第二に「真正かつ定期的であり、対立政党と選挙民の十分な信頼を得る民主的選挙を組織するための受け入れ国の制度的能力を構築するのに貢献すること」であった。一九九四年に選挙支援ユニットは「選挙支援部（Electoral Assistance Division）」に変わり、政務局から平和維持局に移転した。これは選挙支援が平和維持活動（ＰＫＯ）と密接に結びついているとの認識による措置であった。当時のガリ事務総長は、ＰＫＯの要員が選挙支援部と協議することなく行動することを警戒していた。加えてガリは、「一つの選挙の技術的成功は、その過程の継続を確保するための国民的信頼の欠如、あるいは能力・関与の不足に直面すれば、すぐにでも無意味になる」と指摘して、広い文脈での民主化支援の中で選挙支援を位置づけるべきことも強調した（United Nations 1994）。ところが選挙支援部は、「選挙の要素を持った大規模な平和維持活動の予想される数の低下にかんがみて」、一九九五年には再び政務局に戻されてしまった。それは冷戦終結後の民主化の第一波が過ぎ、援助ニーズが「限定的で即座に定義されるようなもの」に変化したためであるとも説明された（United Nations 1995）。ただし一九八九年から二〇〇五年までの間に、国連は選挙支援要請を三六三以上（加盟国にして九六）受け取っており、選挙支援部は現在でも技術的な支援を行い続けている。

国連以外の国際組織も選挙支援に従事しているが、たとえばＯＡＳは、すでに一九四八年の「人の権利と義務に関する米州宣言」第二〇条で「秘密投票による、誠実で定期的で自由な人民選挙」に参加する権利を明記し、一九六二年から選挙支援を始めていた。冷戦終結後の一九九一年には、「民主主義促進ユニット（Unit for the Promotion of Democracy）」を設立し、「民主主義促進計画」を採択した。そこで二大支柱とされたのは、助言的な技術支援と選挙監視による支援であった（Beigbeder 1994, 227）。

ヨーロッパでは、欧州評議会も冷戦後に主に東欧の旧共産圏諸国で選挙支援を行ったが、特に活発なのはＯＳＣＥである。ＯＳＣＥは一九九一年に「自由選挙事務所（Office for Free Elections）」を設立して、情報収集や関係政府・団体の接触、会合の場を提供し始めた。同事務所は翌年に「民主的制度と人権事務所（Office for Democratic Institutions and Human Rights: ODIHR）」に改組され、ＯＳＣＥの諸々の選挙支援の調整にあたっている。ＯＤＩＨＲは、法制度等に関する諸々の技術的支援と選挙監視を主要活動にあげ、ヨーロッパ域内の数々の選挙の支援を行ってきた。特に一九九五年のデイトン合意に基づいて始まったボスニア＝ヘルツェゴビナでの平和構築プロセスでは、三回の国政選挙および地方選挙やスルプスカ共和国選挙を実施した。

その他、選挙支援の分野では、米国議会によって設立されたNational Endowment for Democracy（NED）や、民主党系のNational Democratic Institute for International Affairs（NDI）および共和党系のInternational Republican Institute（IRI）、さらには米国国際開発庁（USAID）の出資で設立されたInternational Foundation for Electoral Systems（IFES）、またストックホルムにある一九カ国の政府と四つのNGOを構成員とするInternational Institute for Democracy and Electoral Assistance（IDEA）などが国際的に活動している。

このような国際組織の担当部局や専門NGOによる選挙支援だけではなく、PKOの枠組みの中で選挙支援が行われることも多い。歴史的な転換点となったのは、一九八九年にナミビアで行われた制憲議会選挙への支援であった。この選挙は独立に向けての一連の国連決議に基づいていたが、紛争解決の手段としての選挙という性格も打ち出された。国連はナミビア選挙のために独立の機構・国連ナミビア独立支援グループ（UNTAG）を設立し、事務総長特別代表のもとで独自の活動を展開した。特別代表の権限は、広範囲に「自由で公正な」選挙実施のための必要作業に及んだ。南アフリカが選出した行政長官が選挙の実務を運営したとしても、特別代表はたとえば警察機構に及ぶ部分にまで検証を加えた。その活動規模はかつてない大きなものであり、UNTAGは選挙時の最大人数で八〇〇〇人の構成員を抱えることになった。一七八三人の文民選挙要員が、行政長官が持つ二五〇〇人の職員を監督するという徹底度であった（Report of the Secretary General, UN Document, A/46/609, para. 15-23）。

同時期のニカラグアでの選挙も国際社会の選挙関与の新しい形態を印象づけた。一九八九年に国連ニカラグア選挙検証監視団（ONUVEN）が創設され、最大でも二三七人のスタッフという規模ではあったが、選挙活動期間からの包括的な監視作業にあたった。ニカラグアの場合においても、選挙は明白に和平努力の一環として位置づけられた。さらに国連は一九九〇年には、国連ハイチ選挙検証監視団（ONUVEH）を創設して選挙支援にあたった。ONUVEHは規模においてはONUVENよりさらに小さかったが、治安に関する技術支援がなされ、六二人の治安アドバイザーが派遣され、暫定選挙理事会に国連開発計画（UNDP）を通じての大規模な技術支援がなされた点に関しては革新的であった。

一九九〇年代前半のPKOにおける選挙の一つの極限は、国連が自ら一九九三年カンボジア総選挙を組織した国連カンボジア暫定統治機構（UNTAC）の例であろう。その前年にアンゴラで行われた選挙は、一九九一年和平合意にもとづいて設立された国連アンゴラ監視団（UNAVEM Ⅱ）が監視にあたったが、選挙結果を反政府勢力のUNITAが認めず武装闘争に戻ったため、失敗に終わった。しかしその一方で今日でもPKOの数少ない成功例としてまずあげられる国連モザンビーク活動（ONUMOZ）と国連エルサルバドル監視団（ONUSAL）が監視する国政選挙が、ともに一九九四年に行われた。ハイチでは国連ハイチ・ミッション（UNMIH）が監視する国政選挙が一九九五年に行われた。

一九九〇年代後半には、PKOの枠の中で選挙支援が行われる事例が再び増えることになった。すでに述べたように、ボスニア＝ヘルツェゴビナではOSCEが実施主体となった国政・地方選挙が数度行われた。リベリアでは一九九四年に実施予定だった大統領選挙が、ついに一九九七年に国連リベリア監視団（ＵＮＯＭＩＬ）の監視の下で行われた。同年には、国連東スラボニア、バラニャ及び西スレム暫定機構（ＵＮＴＡＥＳ）が、地域選挙を組織した。一九九九年に設立された国連東チモール暫定行政機構（ＵＮＴＡＥＴ）は、立法・行政・司法の事実上の全権を握り、選挙を実施した。同様の権限は、国連コソボ暫定行政ミッション（ＵＮＭＩＫ）にも与えられ、コソボ自治州では二〇〇一年一一月に議会選挙が行われた。タジキスタンにおける二〇〇〇年の議会選挙では、国連とＯＳＣＥが共同選挙監視ミッション（ＪＥＯＭ）を組織したが、国連タジキスタン監視団（ＵＮＭＯＴ）も支援に加わった。その他、国連中央アフリカ共和国ミッション（ＭＩＮＵＲＣＡ）は一九九八年議会選挙・一九九九年大統領選挙を支援したし、一九九八年に設立された国連シエラレオネ監視ミッション（ＵＮＯＭＳＩＬ）や、二〇〇三年に設立された国連コートジボワール・ミッション（ＭＩＮＵＣＩ）や国連リベリア・ミッション（ＵＮＭＩＬ）も、マンデートの中に選挙支援を含むＰＫＯである。

このように実際の国際平和活動や国際協力の場面で、選挙支援を中心とする民主化支援が行われているのは、民主化は平和への道であるという信念が、国際社会において広範囲に共有されているからにほかならない。この信念自体は、必ずしも普遍的に適用できるかどうか厳密な意味で証明されているわけではない。むしろ平和活動の一環としての選挙の実施は、かえって平和を阻害する要因にならないように、慎重な計画と配慮が必要であることが指摘されている（篠田 二〇〇三a、一〇三―一〇五頁）。しかしこの信念の存在によって、国際社会において民主化支援が重要視されてきていることも、間違いのないことである。結果として、現代国際社会においては、「国家建設」において、選挙を中心とする民主化の要素が非常に大きな意味を持つようになった。特に紛争からぬけ出して国家を再建しようとする場合には、選挙を通じて国民の政治参加を求めることが、脆弱な国家に新しい正当性の基盤を確保するために、必要不可欠であると考えられるようになった（篠田 二〇〇三a、第四章）。こうした事態は、民主主義が、必ずしも正面からではなく、むしろ目に見えないところで、国際秩序の形成原理として、働いていることを示しているのである。

しかし理論的に見れば、こうした事態は、民主主義と平和の危うい結びつきが解明されないまま進行していると言うこともできる。前節で見た「デモクラティック・ピース」論によれば、「民主主義国家」同士はお互いに戦争をすることはあまりないと推察できる一方で、「民主主義国家」が「非民主主義国家」と戦争をする可能性は決して低くないのであった。たとえばアメリカの南北戦争は、まずある種の「内戦」であったがゆえに「デモクラティック・ピース」論への反証にならないのであったが、さらに言えば、奴隷制を擁護する「南部諸国（州）」が十分に民主的ではなかったがゆえに、つまり「非民主主義国家」であったがゆえに、「デモクラティック・ピース」論の反証にならないという見方もありうる。つまり民主主義勢力と、非民主主義勢力の間の「内戦」については、「デモクラティック・ピース」論は何の含意も持たない。両者の勢力が競合している社会に関しては、民主化のプロセスが起こっていることだけでは平和の可能性が高まるかどうかは未知数なのである。

この観察にしたがえば、次のように言えることになってしまう。民主的な政府は、非民主的な武装集団とは戦争をするだろう。あるいは民主的な政治集団は、非民主的な政府との戦争を辞さないかもしれない。だがそうであるとすれば、民主的な政府や民主的な政治集団の存在だけでは、決して内戦構造を終わりにすることはできない。民主主義は平和構築の切り札であるかどうかは、世界大の国際社会の場合と同様に、一つの「仮説」に依拠している。全ての政治集団が民主的になったときには永続的な平和が訪れるかもしれないという、まだ到達していない状況に関する「仮説」である。しかもその「仮説」の正しさは、そのような「完全な民主化の達成」状況が生まれるまでは、識別することができない。つまり「デモクラティック・ピース」論の洞察を「民主化による平和」にあてはめれば、次のように言えることになる。社会全体が完全に民主的になった場合には、その社会に平和は訪れるかもしれない。しかしそれまでの近い将来において平和が保たれるかどうかは、民主化プロセスは何も約束しない。

「デモクラティック・ピース」論は、逆説的ながら、分断された構造を持つ社会における「民主化による平和」の限界を示してくれる。われわれは「デモクラティック・ピース」論にしたがって、全てが完全に民主化された際には永続的な平和が訪れるかもしれないという「仮説」の持つ意味を、民主化のプロセス自体は決して平和を約束するものではないという観察にてらして、よく考えていかなければならないのである。

5—現代国際社会における民主主義の意義

ここまで民主主義の広がりが近代特有のものであることを見てきた。また民主主義が必ずしも体系的な国際法の裏づけを持たない一方で、国際社会においてほぼ否定されることのない承認度の高い価値体系であることも見てきた。同時に、民主主義が平和への貢献の理論＝「デモクラティック・ピース論」および「民主化による平和」論を媒介にしても高く評価されており、有力国の政策決定に大きな影響力を持つイデオロギーとなっていることも見た。しかし「デモクラティック・ピース」論が、国際社会がいまだ到達したことのない状態に関する「仮説」に依拠している限りにおいて、民主主義と平和の関係が危うい一面を持っていることも確認した。

議会制民主主義の広範な広がりは、国際社会を構成する多くの諸国がかつてない程度で政治体制の文化を共有していることを意味する。一九八〇年代以降の「第三の波」とも呼ばれた動きの中で（Huntington 1991）、南米・アジア・アフリカに多くの民主主義国が生まれた。また冷戦終結後に体制転換を遂げたか、新たに分離独立した諸国のほとんどが、議会制民主主義の政治体制を取り入れた。地域紛争の後に和平合意を媒介にした国際平和構築活動が行われる場合、選挙を実施して民主主義の原理にのっとった新しい政権を作り出す場合が少なくない。これによって、今や現存する国々の大多数が民主主義を標榜しているという、人類史にかつてない状態が生まれることになったのである。この背景には、もともと異質な政治体制を持つ諸国が、民主主義という一つの価値規範にのっとった政治体制を共有するようになったという事情がある。国際社会における民主主義国家の広がりは、国際社会全体が価値の共同体としての性格を持ち始めたことを示している。民主主義はかつて一部の文化圏の諸国が標榜する政治原理でしかなく、普遍的なものではないと信じられてきた。しかし文化相対主義にもとづく民主主義の妥当性の理解は必ずしも実情にそぐわないものになってきている。民主主義は、諸国が政治体制の基本原理を共有しあっているという新しい国際社会の状況を生み出す大きな要因となっているのである。

その一方において、民主主義の効果について、過剰な期待を寄せることは、依然として危険である。価値としての民主主義の権威が高まり、民主主義的政治体制を採用する国家の数が増大し、民主主義を世界大に広げていこうとする動きが強まっているという事実は、民主化の流れがやがて全ての問題を解決するだろうことを全く意味しない。一般論として民主主義の力を信じ、民主化のプロセスを支持することと、盲目的に民主化のもたらす効果を過大評価することとは、当然のことながら全く異なる。現代国際社会においてこそ、われわれはその点を、歴史的かつ理論的な観点から、繰り返し思い出していくべきかもしれない。

第7章 人権

かつて国際関係に関する学問において、人権を語ることは、理想主義的立場をとることだとみなされていた。しかし今日の国際社会においては、人権とは、一つの現実に存在する問題である。しかしそのことは、人権をめぐる様々な理論的かつ政治的問題が解消したことを、全く意味しない。むしろ現実に存在する人権規範をめぐる問題が、巨大な影響力を持つようになればなるほど、人権をめぐる問題群も広範かつ複雑になる。かつては現実的ではなかった問題が、国際社会の切迫した課題として認識されるような事態も生まれてくる。特に人権は、現代国際社会における経済的・政治的力の不均等な配分の状況と、密接に結びついている価値規範である。現代国際社会の規範的支柱の一つとして人権を認識するためには、国際社会の価値規範体系の中核に迫っていくような視点が必要になる。

1——人権の地位

人権という規範体系は、今日の国際社会が持つ価値規範の中で、最も普遍的なものの一つである。人権をあからさまに否定するような行為は、今日の国際社会では決して許されない。人権は、国家の存在や性質にかかわらず、人間一人ひとりの存在に応じて保障されるべきものなので、その普遍的な性格に疑いの余地はない。しかも**国際人権法**（international human rights law）と呼ばれる厳格な法体系の存在は、国際社会における人権規範の内容を非常に明確なものにしている。今日の国際社会において人権とは、特定の政治思想の表明であったり、特定の政治的主張の産物であったりするものではなく、際立った普遍性を認められている稀有な価値規範なのである。

国際連合憲章は、その前文において「基本的人権と人間の尊厳及び価値と男女及び大小各国の同権とに関する信念をあらためて確認」すると宣言し、国際連盟とは異なり、国連が人権を組織構成上の根本的価値として認めていることを明らかにしている。さらに国連の「目的」の一つとして、「経済的、社会的、文化的又は人道的性質を有する国際問題を解決することについて、並びに人種、性、言語又は宗教による差別なくすべての者のために人権及び基本的自由を尊重するように助長奨励することについて、国際協力を達成すること」（第一条第三項）を、掲げている。また国連憲章は、経済社会理事会の機能として、「すべての者のための人権及び基本的自由の尊重及び遵守を助長するために、勧告をすること」

をあげており（第六二条第二項）、経済的・社会的分野での国連の活動において、人権問題が重要な位置を占めることを予定している。国連加盟国の全てはこれらの条項を承認しているわけであり、その意味では人権が持つ価値は、少なくとも国連と同じ程度の広さにおいて、今日の国際社会において保障されていることになる。

一九四八年に国連総会で採択された**世界人権宣言**は、今日では国際人権法の基盤として確固たる地位を築いている。そこには立憲主義諸国の憲法典で保障されているような自由・平等に関する規定が並んでいる。具体的には、生命・自由・身体の安全、奴隷の禁止、法の前の平等、逮捕・抑留又は追放の制限、公正な裁判を受ける権利、私生活・名誉・信用の保護、迫害からの庇護、婚姻と家族の権利、財産権、思想・良心及び宗教の自由、意見及び表現の自由、集会及び結社の自由、参政権、社会保障の権利、教育の権利、文化的権利、などである。

一九六六年には、国内法体系における「社会権」と「自由権」に対応する形で、「**経済的、社会的及び文化的権利に関する国際規約（社会権規約）**」と「**市民的及び政治的権利に関する国際規約（自由権規約）**」が、国際条約の形で採択された。両者共に現在では一五〇カ国以上の当事国の加入を得ている。両者の国際規約では、共通項目として、人民の自決の権利、男女の平等、などがあげられた。その上で、「社会権規約」においては、労働の権利、適正な労働条件、団結権、ストライキ権、社会保障、家族・母親・児童に対する保護、生活水準及び食糧の確保、健康を享受する権利、教育に対する権利、などの諸規定が定められた。

また「自由権規約」においては、生命に対する権利、拷問又は残虐な刑の禁止、奴隷及び強制労働の禁止、身体の自由と逮捕抑留の要件、被告人の取扱・行刑制度、契約不履行による拘禁の禁止、移動・居住及び出国の自由、公正な裁判を受ける権利、遡及処罰の禁止、人として認められる権利、私生活・名誉及び信用の尊重、思想・良心及び宗教の自由、表現の自由、戦争宣伝及び憎悪唱道の禁止、集会の自由、結社の自由、婚姻の自由、児童の保護、選挙及び公務への参与、法の前の平等・無差別、少数民族の保護、などの諸規定が定められた。

特徴的なのは、この「自由権規約」が、第四条第一項において緊急事態における例外の規定を持っていることである。「国民の生存を脅かす公の緊急事態の場合においてその緊急事態の存在が公式に宣言されているときは、この規約の締結国は、事態の緊急性が真に必要とする限度において、この規約に基づく義務に違反する措置をとることができる」という規定は、全ての人権規範が絶対的なものではなく、公の緊急事態においては制限されてもやむを得ないと国際的に認められていることを示している。ところが第四条第一項は次のように続く。「ただし、その措置は、当該締約国が国際法に基づき負う他の義務に抵触してはならず、また人種、皮膚の色、性、言語、宗教又は社会的出身のみを理由とする差別を含んではならない」。さらに同条第二項は、緊急事態における例外においてもなお、「違反してはならない」七つの条項を列挙している。それらは、「生命に対する権利及び死刑」(第六条)、「拷問又は残虐な刑の禁止」(第七条)、「奴隷の禁止」(第八条1及び2)、「契約不履行による拘禁の禁止」(第一一条)、「遡及処罰の禁止」(第一五条)、「人として認められる権利」(第一六条)、「思想・良心及び宗教の自由」(第一八条)、である。

この「違反してはならない」最重要の人権規定の存在は、国際法における規範に、ある種の価値の階層があることを示唆している。さらに言えば、(緊急事態における) 国内管轄権を隠れ蓑にして人権侵害を行うことは認めないと、大多数の諸国が意思表明をしたことを意味しているとも言えるだろう。この中核的人権規範が示す上位の法規範の存在は、各規範が横並びになっている「水平的」秩序を基本とする国際法体系にとって、革新的な意味を持つとされる (寺谷 二〇〇三)。

国際法体系の階層性を示すもう一つの重要な文書は、一九六九年に採択された「**条約法に関するウィーン条約(条約法条約)**」である。その第五三条は、「締結の時に一般国際法の強行規範 (peremptory norm) に抵触する条約は、無効である」と定め、条約締結という主権国家の意思の表現によっても破られることはない「強行規範」が存在することを宣言した。「一般国際法の強行規範とは、いかなる逸脱も許されない規範として、また、後に成立する同一の性質を有する一般国際法の規範によってのみ変更することのできる規範として、国により構成されている国際社会 (international community) 全体が受け入れ、かつ、認める規範」であるという。極めて明快に、国内法体系における憲法と通常法の階層的関係に類似した、「強行規範」と「通常条約」の間の階層的関係を示した条約法条約第五三条の規定は、まだ一〇五の当事国しか持っていないとはいえ、国際法体系に対して、あるいは国際社会の規範体系に対して、大きな含意を持つものとして知られている。条約法条約は、「自由権規約」において緊急事態においてすら逸脱が許されないとされている中核的な人権規定が、「強行規範」にあたるかどうかについて、明言していない。しかし両者は同じ規範的含意を帯びていると言うことができるのである。

国際人権法は、「難民の地位に関する条約」（一九五一年採択）、「女子に対するあらゆる形態の差別の撤廃に関する条約（女子差別撤廃条約）」（一九七九年採択）、（同条約）「選択議定書」（一九九九年採択）、「あらゆる形態の人種差別の撤廃に関する国際条約（人種差別撤廃条約）」（一九六五年採択）、「拷問及び他の残虐な、非人道的な又は品位を傷つける取扱い又は刑罰に関する条約（拷問等禁止条約）」（一九八四年採択）、（同条約）「選択議定書」（二〇〇二年採択・未発効）、「児童の権利に関する条約（子どもの権利条約）」（一九八九年採択）、「児童の売買、児童買春及び児童ポルノに関する児童の権利に関する条約の選択議定書（子どもの権利条約選択議定書）」（二〇〇〇年採択）、「結社の自由及び団結権の保護に関する条約（ＩＬＯ（国際労働機関）八七号条約）」（一九四八年採択）、「団結権及び団体交渉権についての原則の適用に関する条約（ＩＬＯ九八号条約）」（一九四九年採択）、などの国際条約の成立によって、第二次世界大戦後に飛躍的に充実していった。

さらに「欧州人権条約」（一九五〇年署名）、「欧州連合基本権憲章」（二〇〇〇年署名）、「米州人権条約」（一九六九年採択）、「人及び人民の権利に関するアフリカ憲章（バンジュール憲章）」（一九八一年採択）、などの地域機構による人権法規もまた、それぞれが独自の力点を持ちながら、国際人権法の内容を充実させる効果を果たしてきた。

さらに国際人権法が密接に関係する隣接分野の法体系に、**国際人道法**（international humanitarian law）がある。国際人道法は、かつては戦時国際法とも呼ばれていた法体系であり、主に戦時中の法規範を扱う。戦争の開始に関する国際法（jus ad bellum）とは区別される戦時中の行為に関する国際法（jus in bello）が、国際人道法である。すなわち起こった戦争が合法的であるかどうかではなく、戦争中に行われた個々の行為が合法的であるかどうかを判断する基準が、国際人道法である。たとえ戦時下のような異常事態であっても、人間である以上守らなくてはならない人道上の規範が存在する、という意味で、国際人道法と呼ばれているのである。

国際人道法の精神は、一連の関連条約に先立って成立した一八六八年の「サンクト・ペテルブルグ宣言」に、端的に表現されている。同宣言は、「戦時において諸国が達成しようと努める唯一の正当な目的は、敵国の軍隊の弱体化である」とした上で、「その目的を達成するためには、できる限り多くの者の戦闘能力を奪えば足りる」とし、さらに「すでに戦闘能力を奪われた者の苦痛を無益に増大させ、またはその死を避け難いものにする兵器の使用は、この目的の範囲を超える」とした。そこで同宣言は、「それゆえ、このような兵器の使用は、人道の法（lois de l'humanité）に反する」と述べるのであった。この宣言は、締約国または加入国のみを拘束するという伝統的国際法原則を乗り越えようとするものではなかった。しかし同時に、「締約国又は加入国は、科学がもたらす軍隊の兵器の将来の発展にかんがみて詳細な提案をなすべき場合にはいつでも、ここに確立した諸原則を維持し、かつ、戦争の必要を人道の法に調和させるため、さらに協議することを留保する」と述べ、宣言で明らかにされた「諸原則」は、将来にわたって指針とすべきものだという見解も明らかにしたのである。

「戦争の必要を人道の法に調和させる」という考え方は、戦争の防止を第一に考える場合には、妥協的であり、危険にさえ見える立場かもしれない。「無差別戦争観」が当然視されていた一九世紀当時のヨーロッパにおいて、戦争を非合法化するという発想は存在し得なかった。しかし事実の問題として、今日の世界においても、「自衛権」や国連憲章にもとづく「強制措置」の場合には、武力行使は合法的に行われる。であるとすれば、「戦争の必要を人道の法に調和させる」という国際人道法の基本的な哲学は、現代国際社会においても、あるいは現代国際社会においてこそ、大きな意味を持っていると言うことができる。

二〇世紀になると、一九〇七年に「陸戦ノ法規慣例ニ関スル条約」が結ばれ、俘虜の人道的取り扱い、毒を用いた兵器の禁止、降伏した者の殺傷の禁止、不必要の苦痛を与える兵器の禁止、略奪の禁止、占領にあたっての私権の尊重、などの諸規定が定められた。一九二五年には「毒ガス等の禁止に関する議定書」が結ばれ、一九二二年にハーグ法律家委員会起草の「空戦に関する規則」などとあわせて、二〇世紀前半において国際人道法を進展させた。第二次世界大戦終結時に設立されたニュルンベルグ軍事裁判所と、極東国際軍事裁判所は、二〇世紀前半に萌芽的に存在していた国際人道法を根拠にし、「人道に対する罪」を罰するものであった。その政治的性格についての批判的意見は多いが、両者が実効性のある国際人道法の観念に大きな影響を与えたことは、歴史的事実であると言えるだろう。

国際人道法の歴史的道標は、一九四九年の四つの**ジュネーブ条約**である。「戦地にある軍隊の傷者及び病者の状態の改善に関する」第一条約、「海上にある軍隊の傷者、病者及び難船者の改善に関する」第二条約、「捕虜の待遇に関する」第三条約、「戦時における文民の保護に関する」第四条約は、それぞれの条約の詳細な規定によって、一つの確立した国際法分野としての国際人道法の位置づけに大きく貢献した。四つの条約全てに加えられたいわゆる「共通第三条」は、「国際的性質を有しない武力紛争の場合」における、敵対行為に直接参加しない者の人道的取り扱い、生命及び身体に対する暴行の禁止、人質の禁止、個人の尊厳に対する侵害の禁止、裁判を受ける権利の保障、などを定めた。

さらに一九七七年の二つの追加議定書、すなわち「国際的武力紛争の犠牲者の保護に関する追加議定書（第一議定書）」、「非国際的武力紛争の犠牲者の保護に関する追加議定書（第二議定書）」は、より積極的な武力紛争の犠牲者の保護規定を追加した。これによって、特に「文民」に対する保護の規定が飛躍的に充実することになった。国際紛争についても、内戦についても、国際人道法は、一般住民を戦争被害から守るための法体系としての性格を、さらにいっそう明確にすることになったのである。一九九七年に採択されて新たに国際人道法規範に加わった「対人地雷の使用、貯蔵、生産及び委譲の禁止並びに廃棄に関する条約（対人地雷禁止条約）」は、こうした非戦闘員である文民の保護に関する規定の充実という歴史的流れの中で理解することができる。

冷戦終焉後の世界で顕著に見られるのは、戦争犯罪処罰に関する制度の発展である。もともと一九四八年に「集団殺害罪の防止および処罰に関する条約（ジェノサイド条約）」という条約が採択されており、集団殺害を「国際法上の犯罪」として、防止・処罰することが約されていた。実際には、硬直した冷戦体制の中で、ジェノサイド条約にもとづく「国連による防止行動」などは、実行に移されることはなかった。ただし冷戦が終わって主要国が協調行動をとれるようになると、状況は変わり、後述するように、国際戦争犯罪裁判所などを通じて、国際社会が戦争犯罪の処罰に積極的に乗り出すようになっていった。

国際人権法および国際人道法は、人間の尊厳にかかわる重大な領域を扱う法規範であるがゆえに、他の国際法規範と比してもいっそう大きな意味を持つものとして位置づけられている。それだけに複雑な国際政治にのまれてしまう危険性と、常に隣り合わせになっている法規範でもある。だが国内法体系において個人の権利を定める憲法典が持つものと同じような至高の権威を、国際人権法と国際人道法の中核規程が兼ね備えていると考えるのは、必ずしも的外れではない。両者は、今日の国際社会の規範的体系の根幹を形成する重要な要素となっているのである。

2—人権の思想

人権思想は、ヨーロッパに起源を持つと言われる。このことを過度に強調する必要はないが、しかしこの歴史認識が間違いであるわけでもない。人権規範の中核的な内容は、人権という概念によらなくても、遵守すべきものである。特に人間の尊厳にかかわる人権規範は、世界のいかなる文化圏においても、異なった言い方であれ、遵守が叫ばれてきたものであったといえる。人権規範の思想的淵源としてはキリスト教の宗教的規範をあげることができるかもしれないが、仏教やイスラム教の教義においても、人間の尊厳を尊重すべきことは謳われているのであり、古くからの宗教的・文化的価値規範と、人権規範の類縁性は、決してヨーロッパ文化圏にのみ認められるものではない。

しかしそれにもかかわらず、ヨーロッパにおいて近代の人権規範につながる思想的基盤が生まれたと言うことは、的外れではない。人間の尊厳にかかわる規範を、各人が持つ「権利」という形で体系化するという発想は、確かにヨーロッパ特有のものであった。つまりヨーロッパにおいて特徴的だったのは、人権規範の内容ではなく、守るべき価値規範を人間一人一人が持つ「権利」という形で体系化した点である。人間に生まれながらにして付与されている「権利」があるという思想は、神の創造物としての人間に特別の地位を与えたキリスト教文化圏に特徴的なものであった（Vincent 1986）。したがって今日の国際法における人権規範も、起源としてのキリスト教文化圏の影響から全く自由であるわけではない（大沼 一九九八）。

古代ローマ法の世界では、後のヨーロッパ各国の法体系にも影響を与える法学が発達し、「自然権」を基礎付ける「自然法」の思想も発達した。したがって古代世界に今日の人権思想につらなる権利概念を見出すことは、必ずしも不可能ではない。しかし中世になると、ローマ教皇を中心とする教会組織と封建社会の社会構造も手伝って、むしろ個人を埋没させる共同体強調の要素が強まることになった。個人の権利が開花する歴史的契機を作り出していったのは、ルネサンスの人文主義と、宗教改革によるキリスト教教義の個人化であった。

古代世界の知的文化を再発見した近代初期のヨーロッパ知識人たちは、人間が生まれながらに持つ権利を「**自然権**」として概念化した上で、法的枠組みで政治共同体の仕組みを考える思想的基盤を発達させていった。一七世紀頃の啓蒙の時代には、自己保存の権利を第一とする自然権の体系を前提にし、政治共同体は自然権を持つ人間一人一人が自らの権利をより良く守るためにお互いの権利の不可侵を誓約しあうという「社会契約論」の思想が発展した。そしてさらに特に人民が統治者との間に結ぶ「統治契約論」の考え方も生まれた。「契約論」は、市民革命の理論的正当化の基盤ともなり、近代の政治文化にも大きな影響を与えた。

トマス・ホッブズは、絶対王政を擁護するかのような『リヴァイアサン』という古典的作品を残したが、彼の理論がそれまでの王政擁護と異なっていたのは、議論の出発点を各人が生まれながらにして持つ「自然権」においたことである。ただ自己保存を中心とする各人の権利だけが野放図に存在しているのは、「自然状態」と呼ぶべき「万人の万人に対する戦争」の状態である。そこで社会に秩序を作り出すために、各人はお互いの間に「社会契約」を結ぶのであった（Hobbes［1651］1985）。

ジョン・ロックであれば、同じ自然権から出発する議論をたてながら、「社会契約」と「統治契約」を厳密にわけ、後者の破綻は前者の破綻を意味しないという立論を行った。つまり統治者による自然権の侵害によって、人民と統治者との間に結ばれた契約関係が失われたとしても、依然として社会は存続するのであり、人民の側は権利の回復に向けて「革命権」を行使することができるとしたのである。人民による「革命権」の擁護は、「天に訴える」措置であり、保障制度を欠いた自然権規定を、自己救済のメカニズムによって保障しようとするものであった（Locke［1689］1967）。

一八世紀の市民革命は、絶対王政に圧迫された個人の権利の擁護を、最大の理論的基盤としていた。

一七七六年に英領北米一三州が独立を宣言した際、用いられたのは、天賦人権説と呼ばれるものであった。「われわれは、自明の真理として、すべての人は平等に造られ、造物主によって、一定の奪いがたい天賦の権利を付与され、そのなかに生命、自由および幸福の追求の含まれることを信ずる」と高らかに謳いあげた「コングレスにおける一三のアメリカ連合連邦の全員一致の宣言（独立宣言）」は、ロック流の革命権と結びつき、後の国際社会の政治思想の展開に決定的な影響を与えた（高木・末延・宮沢一九五七）。

合衆国憲法制定までの一〇年以上の間、北米一三州（States）は、それぞれが主権国家であるという前提で、お互いの関係を築いたため、「独立宣言」後の急進的な人権規定は、各州の憲法典に現れることになった。たとえば「マサチューセッツ憲法」（一七八〇年）は、その第一条において、「すべての人は生まれながらにして自由かつ平等であり、生来の、本質的、かつ譲ることのできない一定の諸権利をもっている」と定めた。ロックの物理的なものだけではなく知的なものも含めた「財産（property）」の概念の影響を色濃くみせながら、さらにこの憲法は続けた。「これらの権利のなかには、生命と自由とを享受しかつ擁護する権利、財産を獲得し、所有し、保護する権利、すなわち、人々の安全と幸福を求め得る権利が当然含まれている」（高木・末延・宮沢一九五七）。

一七八七年の憲法制定会議によって起草され、翌八八年に九州の批准を得て成立した合衆国憲法は、当初は人権規定を持っていなかった。それは連邦レベルの憲法が保障するものではないと考えられたからである。しかし一七八九年に開催された第一回の連邦議会において合衆国レベルの憲法にも人権規定が必要であるとされ、アメリカにおける「権利章典」とも言える「修正一〇カ条」が可決され、九一年に必要数の州の批准を得て成立した。その中の修正第一〇条が、「この憲法によって合衆国に委任されず、また州に対して禁止していない権限は、それぞれの州または人民に留保《りゅうほ》される」という規定は、合衆国の連邦制度の原理を示しているだけではなく、「権利」が憲法によって与えられるものではなく、原初的に人々の手に存在しているものであるという思想を、表現していると言える。

フランス革命においては、一七八九年に「人および市民の権利宣言」が出され、革命正当化の教義が人権にあることが内外に示された。その第一条では、「人は、自由かつ権利において平等なものとして出生し、かつ生存する」と宣言された。また第二条は、「あらゆる政治的団結の目的は、人の消滅することのない自然権を保全することである」とされたが、その自然権とは、「自由・所有権・安全および圧制への抵抗である」とされた（高木・末延・宮沢 一九五七）。

イギリスの保守主義の思想家エドマンド・バークは、フランス革命の熱情主義を批判し、「人権宣言」は形而上学的な抽象物でしかないと喝破した。これに反駁するトマス・ペインは、「〔バークは〕何事もその根本にまで遡って調べるということをしない」と糾弾した。バークによれば、現実に存在する政府などから出発して、立論をしていくべきなのであった。しかしペインによれば、「憲法は政府に先立つ存在である」。そもそも「市民権は、そのすべてが自然権から生まれてくる。言葉をかえて言えば、市民権は交換された自然権である」（ペイン 一九七一、七一、七四頁）。現実世界の目に見えた現象から議論を展開するか、目に見えない根源的な真理から立論を行うか、バークとペインの思想は、二つの大きな対立する思考様式を象徴していた。両者が代表する伝統は葛藤を続けながら、しかし近代という時代においては、ペインの流れのほうに、徐々に事態は進展していくのであった。

アメリカ独立革命とフランス革命によって、自然権思想を基盤とした人権によって、政治体制の正当性が決せられるという新しい時代が訪れることになった。近代という時代において、人権とは、あらゆる政治制度に先立って存在する原初的なものであり、あらゆる秩序構想の基盤となるものですらあった。この目に見えた現象に先立つ存在として想定される人権概念を基盤にして、政治秩序のあり方も考えていくという発想は、国際社会の秩序構想にも大きな影響を与えていくことになる。

すでに見たように、今日の国際社会において、国際人権法・国際人道法の中核規定は、他の国際法規範に優先して遵守されるべきであるような高い地位を与えられている。これは人権概念が「自然権」思想に淵源を持ち、現実の政治体制を超越して秩序構想を行うことを可能にする性格を持つものであったことを想起すれば、当然のことであると言える。国内法体系が国際法体系に類推的に適用されているのではない。人権という概念に本質的に潜んでいる「自然権」としての根源的な性格が、国内社会においても、国際社会においても、秩序のあり方を根本的に捉え直させる力となるのである。人権思想の広がりに対してしばしば警戒心が起こるのは、まさに人権思想が、国内社会においても、国際社会においても、秩序を問い直す含意を持っているからなのである。

人権が積極的に国際社会で表明されたのは、一九四八年の世界人権宣言からであると言ってよいが、世界人権宣言が国連総会で採択された際には、決して満場一致で支持が集まったわけではなかった。西欧諸国が支配していた当時の国連において、世界人権宣言は五四の賛成票を獲得し、反対票はなかったが、八カ国が棄権をした。棄権した諸国には、南アフリカ、ソ連、サウジ・アラビアなど、西欧流の政治的自由を強調した世界人権宣言の内容に納得しない諸国が含まれていた（Brown 1997, 476）。確かに世界人権宣言の内容は、当時の欧米諸国で確立されていた基本的人権の保障を中核とするものであり、国内法体系の中で十分な人権規定を持たない諸国にとっては、文化的に異質なものだと映ったであろう。しかしさらに言えば、当時としては急進的な世界人権宣言の性格が、棄権した諸国の内部において政治的不安定材料となることが、懸念されたのである。

かつてヨーロッパ列強による植民地化が盛んに行われた帝国主義の時代には、形式的に独立を保っていた日本やタイのような国々と、ヨーロッパ諸国が対等な条約関係を持つことは稀であった。なぜならヨーロッパ諸国によれば、共有されていなければならない「文明国」の基準がない地域では、平等な国家間関係を築くことはできないのであった。そもそも植民地化・帝国主義的膨張自体が、未開の地域に「文明」をもたらすという論法によって正当化されていた。「白人の責務」の源泉である「文明国」の基準は、今日の言い方をすれば、基本的な人権を守ることができる体制がとられているかによって決せられるのであった。人権規範は、常に現存の国家体制を根源的に見直す契機になり、革命的な含意を持つものなのである。

しかしながらこのような人権規範の卓越した地位は、今日の国際社会における人権をめぐる多くの深刻な諸問題を、覆い隠すものではない。なぜならば、人権規範と呼ばれているものは、実際には個人の数多くの権利の集合体でしかないからである。つまり人権（human rights）とは、複数形でしか存在しえないものなのである。したがって人権をめぐる問題状況には、常に複数の人権の間の摩擦をどう調整するか、という大きな問いが付きまとうことになる。たとえば極めて原理的な「摩擦」として、「自由権」と呼ばれる諸権利と「社会権」と呼ばれる諸権利の間に起こる問題をあげることができるかもしれない。国際社会の法規範体系の範疇を用いて言えば、「市民的及び政治的権利に関する国際規約」と「経済的、社会的及び文化的権利に関する国際規約」の間の摩擦である。少なくとも国際社会においては、これらの二つの人権規範の範疇を結びつけるような規範的原則はない。両者は、いずれも全体としての「人権」の構成要素として、等しい重要性を持っていると想定される。しかし実際の現実世界においては、ある者の「市民的権利」が別の者の「経済的権利」を阻害していないか、あるいはある者にとっての「社会的権利」が別の者の「市民的権利」の侵食につながっていないかが、重大な論点となる。人権規範は、複数の人権規定相互の間の調整原理を持っていないのである。

3—人道的介入

現代国際社会において人権思想が最も切迫した意味を持つ場面は、「**人道的介入**（humanitarian intervention）」が求められる場面であろう。人道的介入とは、著しい人権侵害の状態を止めるために国境を越えて何らかの行動を起こすことを意味する。人道的介入の問題性が最も先鋭になるのは、強制力を持つ軍事部隊などを派遣して行う形態の介入行動である。しかし必ずしも武力介入だけが人道的介入ではなく、広義の人道的介入には外部からの支援者が人道的援助を行うことなども含まれる。

冷戦時代においても人道的介入の事例と考えることができる事例がなかったわけではなかった。たとえばこれまで人道的介入の要素があることを指摘された、あるいは主張された事例としては、一九六四年のコンゴへのベルギーおよびアメリカによる介入、一九六五年のドミニカ共和国へのアメリカの介入、一九七一年のバングラデシュへのインドの介入、一九七八年のカンボジアへのベトナムの介入、一九七九年のウガンダへのタンザニアの介入、一九八三年のグレナダへのアメリカの介入、などである（望月二〇〇三）。しかしいずれの場合においても、当事者たちは自らの行動を人道的介入として必ずしも大々的に説明することはしなかった。あるいは人道的介入といっても、自国民の保護という限定的な文脈で理解された。それは当時の国際社会においては、人道的介入の妥当性の観念が固まっていなかったからだと言ってよいだろう。しかし冷戦後世界においては、自由民主主義の広がりによる価値の一元化の流れによって、人道的介入をめぐる状況も一変した。著しい人権侵害が起こっている場合に、国境を越えて国際社会が団結して行動すべきであるという観念が強まっていったのである。

すでに冷戦直後に起こった湾岸戦争の処理の過程で、新しい流れの萌芽は見られた。一九九一年にイラク軍が占領したクウェートから撤退してクウェートが解放され、多国籍軍が軍事行動を終結させた後、イラク国内ではフセイン政権を打倒するための蜂起が各地で起こった。しかしそれはフセイン政権による過酷な弾圧の対象となり、クルド人居住地域では、一〇〇万とも言われる数のクルド人が、国境付近で避難民となるか、国境を越えて難民となるという人道的危機が訪れた。クルド人地域に人道的支援を安全に届けるため、国連安全保障理事会は憲章第七章を発動した決議六八八を採択して、イラク北部地域を「安全地帯」として設定した。この安全地帯は、実際には米英軍を中心とする多国籍軍の空軍力によって守られ続けることになった。実に一二年後の二〇〇三年に新たなイラク戦争によってフセイン政権が崩壊するまでの間、クルド人居住地域は、この決議六八八によって守られ続け、事実上の自治区となったのである。

このときの事例を好意的に受け止めていた国際赤十字委員会などの人道支援組織は、ボスニア＝ヘルツェゴビナの内戦が人道的惨禍をもたらし始めた際、安全地帯の設定を国連安全保障理事会の場で強く求めるにいたった。それを受けて決議八一九が一九九三年に採択され、スレブレニッツァなどの幾つかの場所が「安全地帯」として設定された。しかし実際には安全地帯を防御する実力を、国連平和維持部隊は持っていなかったため、一九九五年にはスレブレニッツァに避難していたムスリム人たちが、攻め込んできたセルビア人勢力によって虐殺されるという事件が起こった。

一九九四年にルワンダでジェノサイドが発生した際には、フランス軍が介入し、国連安全保障理事会決議九一八に基づいてルワンダ西部に「安全地帯」が設定された。しかしこれは、フランスが従来から友好関係を持っていた虐殺の首謀者である旧政権側の要員を保護するために機能している、との国際的非難を浴びる結果に陥ってしまった（Yamashita 2004）。

一九九三年には、ソマリアへの人道支援の円滑実施を目的にして介入していたアメリカ軍が、国連の指揮下で「平和執行部隊」として行動するという出来事が起こっていた。しかし米軍は、一八名の犠牲者を出すにいたって撤退したため、国連の平和活動自体が完全な失敗に終わった。

このように国連主導の人道的介入の動きは、湾岸戦争後の事例を除けば、一九九〇年代前半の国際社会において、失敗を繰り返していた。当時「第三世代PKO」とも呼ばれた「強制措置」の権限を持った平和維持部隊の展開は、時期尚早あるいは不適切な方法であるとの烙印を押されることになった。

しかし一貫して人道的介入擁護の動きを主導したのは、ヨーロッパ諸国であった。ボスニア＝ヘルツェゴビナにおける凄惨な内戦に衝撃を受け、国連平和維持部隊の無力を痛感したヨーロッパの人々は、人道危機の犠牲者を保護するための強制力の行使について考え直すようになった。ボスニア＝ヘルツェゴビナの内戦は、一九九五年に北大西洋条約機構（NATO）軍がセルビア人勢力に対して行った激しい空爆を契機として、その年に終わった。このときの記憶はヨーロッパの人々の脳裏に刻まれることになり、一九九九年に同じバルカン半島でコソボ危機が起こった際には、ヨーロッパの世論は圧倒的にNATO軍による軍事介入を支持することになった（篠田 二〇〇三d、二〇〇四c）。欧米圏の人々の間に広まった、一九九五年の介入は成功したという感覚は、コソボ紛争への支持をへて、二〇〇一年のアメリカのアフガニスタン戦争、そして二〇〇三年のイラク戦争を用意したのである。

従来、人道的介入の問題は、人権規範と、主権国家の間の相克の問題であると、認識されてきた（Vincent 1974, 1986）。抑圧的な政府によって人権侵害の被害者になっている人々を、主権国家原則を無視して救援するべきか、あるいは主権国家原則を守って介入を自重すべきか、という問いが、人道的介入をめぐる基本的な問いであると考えられたからである。しかしこのようなジレンマは、消滅してはいないものの、近年では冷戦時代とは大きく異なる様相を呈し始めている。国際社会において、国際人権法と国際人道法の権威はかつてない程度に高まっており、主権国家の国内管轄権を理由にして、あからさまに国際人権法や国際人道法に違反する行為を行うことはできなくなっている。人道的介入をめぐる議論は、冷戦時代のそれから、大きく変化した。

人道的介入の問題の切迫性に対応する形で生まれてきたのが、「**保護する責任**（responsibility to protect）」という考え方である。一九九九年のコソボ紛争をめぐるＮＡＴＯ軍の軍事介入をめぐる議論に対応するために、介入積極派であったカナダ政府のイニシアチブで設立された「介入と国家主権に関する国際委員会（International Commission on Intervention and State Sovereignty : ICISS）」委員会が作成した報告書によって、「保護する責任」は国際社会における重要概念の一つとなった（International Commission on Intervention and State Sovereignty 2001）。したがって「保護する責任」とは、国際法違反としての「干渉」にはあたらない「介入」の正当性を認める国際規範の枠組みを前提にし、「人道的介入」を正当化する論理を体系的に示す概念であると言える。実際にはそれは、「責任」という概念を、「国家主権」を再解釈するという理論的試みの流れに位置づけることによって、生み出された（Deng, et al. 1996）。

「保護する責任」論の理論体系は、ＩＣＩＳＳが掲げる「中核的原則」によって、簡明に説明される。ＩＣＩＳＳは、第一に、「国家主権は責任を伴うものであり、国家の人民を保護する主要な責任は国家自身に属する」という原則を提示する。この第一の原則によって、第二の原則が正当化されることになる。すなわち「内戦・反乱・抑圧・国家破綻などによって、人々が深刻な被害を被っているとき、そして問題となる国家がそれを止めたり、回避したりする意思あるいは能力を持っていないとき、不干渉原則は、国際的な保護する責任に道を譲る」。なぜなら「責任」が国家主権を構成する要素であるとするならば、「責任」を放棄した、あるいは果たしえない国家は、主権を保持するに値しない国家であるということになるからである。そして満たされなかった「責任」は、被害を受けている人民の名において、何者かが引き受けなければならない。もし国家が責任を引き受けず、あるいは引き受けることができないとすれば、国際社会が引き受けなければならないのである。

このように「保護する責任」の論理は、人権擁護と国家主権を二項対立的なものとして捉えず、「責任」概念を媒介にして、むしろ両者を結びつける点に特徴を持つ。これは必ずしも従来の国際法学あるいは国際政治学で主流であったわけではない考え方であるが、しかし決して全く新奇なものではない。それはむしろ、主権国家は国家の構成員の人権を守る責務を負っている、というロック以来の自由主義思想を基本的な主張とする。

「保護する責任」論の基本的な論理構成は、次のように整理することができるだろう。構成員の人権を侵害している政府は、自らに与えられた責務を果たしていない。人民との間の統治契約に違反している。こうした違反行為を行っている政府に、主権国家の内政不干渉を唱える権利はないので、そのような政府の人権侵害行為を止めるための人道的介入は正当なものとなる。むしろ他国の政府や市民が持つ、同じ国際社会で起こっている人権侵害を止めるために積極的に働きかける責務が重要となる。このような議論によれば、人道的介入とは、本来第一義的に責務を果たすべき当該国家の政府が責務を果たそうとしない状況において、外部アクターが国際社会において果たすべき責務を果たすために行う行為だと理解されることになるのである。これは新しい人道的介入の肯定論であるかもしれないが、同時に、伝統的な近代西洋政治思想に依拠したものだということもできる。

「保護する責任」の議論は、人道的介入を義務でも権利でもなく、責任の問題であると表現した点で、新しい人道的介入論の展開を促すことになった。「保護する責任」は、国連事務総長の要請で作成された「ハイレベル・パネル」の報告書「より安全な世界——われわれが共有する責任　脅威・挑戦・変化に関する国連事務総長ハイレベル・パネル報告」においても新しい安全保障上の脅威に対処する際の原則として頻繁に言及された（Secretary-General's High-level Panel on Threats, Challenges and Change 2004）。それは一部の斬新な理論が定着したというよりも、冷戦終焉後の時代の傾向を反映したものだと言えるのである。

国連安全保障理事会は、何度か「保護する責任」を取り入れた決議を採択してきた。特に二〇一一年の決議一九七三は、リビアへのＮＡＴＯの軍事介入を許容したものとして知られるが、リビア情勢の好転を導き出せなかった。その他の決議では、主に現地政府の「保護する責任」を強調している。

冷戦終焉後の世界において大きな問題となっているのは、規範としては定着した国際人権法・国際人道法の諸規定を、どこまで実効性のあるものとして適用していくか、である。すなわちどこまで人道的介入のような方法を使ってでも、人権規範の遵守を確保しようとするべきなのか、という問題である。

もちろん明快に解答を出せる者はいないだろう。しかし少なくとも指摘しておくことができるのは、冷戦時代までの国際社会においては考えられなかった程度にまで、人道的介入を許容するような規範的な土壌が形成されてきているということである。

4―司法介入

「保護する責任」論が最も先鋭になるのは、軍事介入の形態をとる人道的介入の場面であった。ただし「保護する責任」論は、軍事的な形態をとった人道的介入だけにかかわるのではない。なぜなら一時的な軍事介入だけでは、真の意味で「保護する」ことはできないからである。そこで「保護する責任」は、三つの主要な「責任」から構成されると説明される。第一は、「予防する責任（responsibility to prevent）」であり、第二が「反応する責任（responsibility to react）」である。そして第三に、「再建する責任（responsibility to rebuild）」がある（International Commission on Intervention and State Sovereignty 2001）。軍事的手段を伴う典型的な人道的介入は、「反応する責任」に属する問題であるが、それ以前にそもそも紛争回避などを目的にした予防行動をとることが望ましいことは言うまでもない。したがって「予防する責任」は、常に「反応する責任」に先行する。ただしひとたび「反応する責任」の段階になり、さらに何らかの措置によって現地政府なり国際社会なりがその責任を行使したとして、次に発生するのが、危機的状況を当面脱した後に訪れる「再建する責任」である。これは、紛争などの危機的状況の影響から、現地社会の人々が立ち直り、通常の生活を取り戻すのを手助けする責任である。この「再建する責任」は、「紛争後平和構築」といわれている問題領域に対応する。

この「平和構築」の段階において、人権問題は、特別な形態をとってあらわれる。人道的介入における人権問題とは、直接的な手段を用いて、緊急事態における人権擁護措置をとっていくものであった。「平和構築」のプロセスにおいては、通常の人権問題への対処方法への橋渡しとなる手段が追求される。つまり通常の人権侵害が司法的措置によって対応されるとすれば、平和構築においては、移行期の特殊な司法的措置から、通常の司法的措置へと展開していく流れを作ることが必要になる。

こうした文脈で登場するのが、まず**「司法介入」**と呼ぶべき国際社会による特別な司法措置である。「司法介入」の事例は、冷戦後の国際社会において、顕著に見られるようになった。まず一九九三年にボスニア＝ヘルツェゴビナを中心とする旧ユーゴスラビア地域での内戦にともなう甚大な国際人道法違反を処罰するために、国連安全保障理事会決議八二七によって、「旧ユーゴスラビア国際刑事裁判所(International Criminal Tribunal for Former Yugoslavia：ICTY)」の設置が決められた。また翌一九九四年には、国連安保理決議九四四によって、ルワンダで発生したジェノサイド中の戦争犯罪を処罰するための「ルワンダ国際刑事裁判所(International Criminal Tribunal for Rwanda：ICTR)」が設立された。両者は共に、国連憲章第七章の「強制措置」の権限を持つ、強力な国際司法機関として登場した。両者はニュルンベルグ・東京裁判と同様に「特別(ad hoc)法廷」としての性格を持っているが、国連憲章第七章の権威に基づいて設立されたがゆえに、実は普遍的であり、強制的権限を持っている機関でもある。

ＩＣＴＹとＩＣＴＲが巨額の資金を費やしながら、「大物」を中心とする多くの戦争犯罪人の迅速な訴追・逮捕・処罰を実現していないという不満から、その後の国際法廷は異なった形態で設立されることになった。東チモールやシエラレオネでは、「混合法廷」と呼ばれる現地社会と国際社会の共同運営のような方式が採用された。いずれも国連憲章第七章の強制措置の権限を持たず、現地政府と協力する形をとっている。国際社会の関与がありながらも、制度的には国内司法システムと一体となって機能する紛争後の戦争犯罪法廷である。

東チモールでは、国連東チモール暫定行政機構（ＵＮＴＡＥＴ）の平和維持活動の一環として、ジェノサイド罪や人道に対する罪などの重大な刑事犯罪を扱う「重大犯罪パネル」が二〇〇〇年に設立された。このパネルは、東チモールのデリ地方裁判所の管轄下に置かれるという特徴を持ち、二〇〇二年の東チモールの独立後も、デリ地方裁判所にパネルは残され、二〇〇五年まで活動した。「重大犯罪パネル」は、他国に対して強制力を持っていなかったため、犯罪者の処罰に必ずしも熱心ではないインドネシア政府を動かして、多くの被疑者を拘束するまでには至らなかった。なお独立後に設立された国連東チモール支援団（United Nations Mission of Support in East Timor : UNMISET）は、重大犯罪ユニット(Serious Crimes Unit）を持ち、現地の司法活動の支援体制をとることを任務とした。

シエラレオネでは、シエラレオネ政府と国連との間の協定にもとづき、国内法に依拠する形で、シエラレオネ特別裁判所（The Special Court for Sierra Leone : SCSL）が二〇〇二年に設立された。国連安全保障理事会は、すでに二〇〇〇年八月の決議一三一五で、シエラレオネ政府と共同という形で、シエラレオネ特別裁判所を設立することを決めていた。しかし十分な資金が集まらず、設立に時間がかかったのであった。ＳＣＳＬは、国連とシエラレオネ政府との間の協定によって設立されたため、東チモールの重大犯罪パネルと同様に、第三国に対して強制力を行使できない。ところがそれにもかかわらず、安全保障理事会は当初より、拘束するのが難しい指導者層の戦争犯罪人だけを扱うように期待していた。現在までのところ、ＳＣＳＬはおおむねこの方針にしたがって、反乱軍（Revolutionary United Front: RUF）指導者のフォディ・サンコーや、リベリア大統領のチャールズ・テイラーらの「大物」の拘束に、一定の成果をあげている。

カンボジアでは、国連との長年の交渉の結果、国際判事と現地判事の混合によって組織され、一九七〇年代後半のクメール・ルージュ時代のジェノサイド罪などを扱う裁判所（Extraordinary Chambers in the Courts of Cambodia: ECCC）が設立されることが、二〇〇三年に決まった。それを受けて、二〇〇六年五月にシアヌーク国王が判事らを任命し、宣誓式は同年七月に行われた。ＥＣＣＣは、ＳＣＳＬの場合と同様に、国連と現地政府との間の協定という形で設立が決められたため、国連の通常予算ではなく、各国の自発的な資金提供によって運営されることになった。

国際人道法においてさらに大きな事件であると考えられたのが、一九九八年に採択された「**国際刑事裁判所に関するローマ規程**（**ＩＣＣ規程**）」である。各国代表団間の激しいやり取りの末、アメリカ、中国、イスラエルなどの反対を辞さず、ＩＣＴＹやＩＣＴＲの場合に見られた対象地域の制限もなく採択されたのが、このＩＣＣ規程であった。同規程は二〇〇二年に発効に必要な六〇カ国の賛同が得られたため、効力を発生し、国際刑事裁判所（International Criminal Court：ICC）が設立された。二〇〇四年から二〇〇五年にかけて、コンゴ民主共和国、ウガンダ、中央アフリカ共和国、スーダンにおける紛争が、ICCの捜査対象になっている。前二者については、すでに具体的な被疑者の名前とともに、裁判審理が進められている。

ICCについては、常設の国際刑事裁判所であるということで、設立前からも、設立後も、大きな期待が寄せられた。もともと「特別法廷」の制限的な性格を是正するために常設国際刑事裁判所が唱えられたという経緯があり、ICCには普遍的な戦争犯罪法廷としての機能が期待された。しかし実際のICCは、あくまでも多国間条約にもとづく機関であり、その普遍性は必ずしも保証されていない。ICCの加入国は、二〇二〇年七月現在で一二三カ国しかなく、しかも地域的な偏りが顕著である。欧州諸国が四〇カ国を占め（西欧諸国二二、東欧諸国一八）、カナダ、ニュージーランド、オーストラリアと共通ブロックを組み、中南米諸国も二八カ国を数えるに至っているのに対して、アフリカは三三カ国で、アジアにいたっては一九カ国が加入しているだけである（太平洋島嶼諸国七カ国および中東枠のキプロス、アフガニスタン、ヨルダン、パレスチナの四カ国を含む）。

ICCの現在の捜査対象が全てアフリカ諸国であることを見ると、加入国の大半を占めるヨーロッパ諸国と捜査対象国となっているアフリカ諸国との対比は、いっそう鮮明になる。もちろんアメリカが単に加入していないだけではなく、アメリカ兵の免責特別協定を次々とICC加入諸国と結んでいくなどの態度をとっていることは、大きな混乱要素である。ICCの管轄権が事実上、ICC規程に加入した諸国の領土内だけに限られることも、その普遍性に大きな留保が付せられる要因である。

なお紛争後などの「移行期」をへて、通常の社会システムが機能するようになると、人権問題は国内司法機構などによって主に担われるようになる。国際社会の側は、通常の人権問題を扱う機関によって、対応していくことになる。国際的な人権機関としては、まず国連システムにおける人権機関があり、さらに個別の条約等に根拠を持つ人権機関がある。後者の中には、地域単位で存在する人権機関も幾つかある。

国連システムにおいては、まず国連人権理事会（UN Human Rights Council）が、二〇〇五年の機構改革の一つとして新設されたことが特筆される。人権理事会は、人権促進・擁護を目指した様々な勧告などを行う機能を持つ。これは「ハイレベル・パネル」報告書において勧告され、その後の事務総長報告書（Annan 2005）の中でさらに追加提案され、二〇〇五年九月の国連首脳会合『成果文書』に盛り込まれることによって、設立が決まったものである。人権理事会が設立されたのは、その前身である国連人権委員会（UN Commission on Human Rights）が機能不全に陥っていると強く批判されたからであった。人権侵害を行っている加盟国政府が加わっていることによって、人権委員会は本来の職責を果たせていないなどと批判されていたのである。批判者の急先鋒であったアメリカは、人権理事会も不十分な機能や構成しか持っていないとして、設立を決めた二〇〇六年三月の総会決議の際には、反対票を投じた。人権理事会は総会の補助機関として位置づけられ、地域グループごとに配分された四七カ国によって構成されている。人権理事会の構成国は、「人権促進・擁護において最高の水準を保つ」ことが求められている。また人権理事会は、特定国や特定論点にかかわる調査を専門家に委ねる「特別手続」の制度を持っている。

条約にもとづく機関としては、まず「市民的及び政治的権利に関する国際規約（自由権規約）」の遵守状況を見る一八名の専門家からなる「人権委員会（Human Rights Committee：HRC）」をはじめとして、「経済的・社会的・文化的権利に関する委員会（Committee on Economic, Social and Cultural Rights：CESCR）」、「人種差別の撤廃に関する委員会（Committee on the Elimination of Racial Discrimination：CERD）」、「女子に対する差別の撤廃に関する委員会（Committee on the Elimination of Discrimination Against Women：CEDAW）」、「拷問に対する委員会（Committee Against Torture：CAT）」、「児童の権利に関する委員会（Committee on the Rights of the Child：CRC）」、「移民労働者に関する委員会（Committee on Migrant Workers：CMW）」などがある。

地域的な機関としては、アフリカ連合（ＡＵ）の人権機関として、「人権及び人民の権利に関するアフリカ憲章（バンジュール憲章）」を保障する「人権と人民の権利に関するアフリカ委員会（African Commission on Human and Peoples' Rights）」、米州機構（ＯＡＳ）には、米州人権条約などを保障する「間米州人権委員会（Inter-American Commission on Human Rights）」、欧州評議会に欧州人権条約を保障する「欧州人権裁判所」がある。また様々な地域の多くの国々に国内的な人権委員会が存在する。

このように国際社会は、人権を保障するための機関を、様々な形で作り出してきた。異なる地域の異なる場面の人権問題に対応していくために、国際社会は様々な試みを行ってきたわけである。多岐に亘る機関の増大が、人権の遵守を保障するわけではない。しかし少なくとも国際社会が、人権規範を重要視し、その保障制度を充実させるために、大きな努力を払ってきていることは確かだと言える。

5—現代国際社会における人権の意義

人権規範の広がりによって国際社会にもたらされた大きな傾向の一つは、国内社会の規範体系との親和性である。人権規範は、各国の国内社会において豊かな発展を遂げてきた規範体系である。その歴史は少なくとも数百年にのぼる。特に近代という時代は、人権概念の台頭に着目することによって、最もよく理解することができると言うこともできるだろう。その人権規範が、国際社会独自の法規範体系の中で、確固たる地位を築いてきたということは、当然のことながら各国の政治社会の中で培われてきた人権思想の豊かさを、国際社会が受け継いでいくことを意味する。

人道的介入の問題を例にとっても、そのことは如実にわかる。人道的介入を人権規範と主権国家との対立図式の中で捉えようとする見方によれば、それは際立って国際社会に独特の問題であるということになるのであった。しかし現実には、国際社会と国内社会は、同じ人権規範をめぐる問題に対処しなければならないのであり、人道的介入とは、同じ問題に対する国際社会からの一つのアプローチのことでしかない。人権侵害が起こっている社会の視点に立ってみれば、どのようにして状況の是正を図るかという問題は、場合によっては抵抗権・革命権の擁護にまでいたる国内社会の規範意識の問題であるが、同時に、場合によっては人道的介入にまでいたる国際社会の規範意識の問題でもある。甚大な人権侵害という同じ深刻な事態に対して、国内社会と国際社会は、それぞれの異なる位相においてではあるが、同時に立ち向かっていくのである。

人権規範の広がりを媒介にして、現代国際社会はかつてない程度にまで国内社会と同じ規範意識を持ち、同じ問題に立ち向かうことができるようになっている。これはもちろん、各国の国内社会が国際社会の中に取り込まれ、一つの新しい世界大社会が生まれる、といった現象が起こっていることを意味しない。個々の国内社会は国内社会として、国際社会は国際社会として存立しつつ、両者の親和性が高まっているのである（篠田 二〇〇七ａ）。この現象は、現代国際社会の際立った歴史的な特徴を示すものだと言えるだろう。

第8章 平和

おそらく「平和」ほど、国際社会において頻繁に、そして強く語られている価値規範はない。人類は絶えず戦争の惨禍に喘《あえ》いできたといってよいが、同時に、人類は平和を追い求めてきた。しかしそのような広大な基盤を持つ価値規範であるがゆえに、平和が実際に意味するものも、非常に広範にならざるをえない。そこで今日では、平和を「消極的」な面と「積極的」な面に分けて捉える見方が定着しており、それは「政治的・法的」な平和へのアプローチと、「社会的・経済的」な平和へのアプローチを区分する方法にも連なっている。またそれぞれの領域において、国際社会は、「世界」全体をおおう幾つもの平和への課題と同時に、蔓延する「地域」紛争の解決という個別的な平和への課題に対応することも迫られている。国際社会の平和主義は、長い歴史の伝統を背負いつつ、様々な新しい問題に立ち向かう意思と能力を試されている。

1―平和の地位

平和の価値は、おそらくは人類の歴史と同じくらいに長いものである。人類は、有史以来、平和を求めてきたと言える。平和ほど古く、そして新しい課題はない。過去の国際社会においても、そして現代の国際社会においても、平和は、一貫して追い求められてきた価値であった。

しかし古くから存在する価値であるからこそ、変容する国際社会の中で、それぞれの時代に応じて、どのように語られてきたかが問題になる。一貫して重要なものであったとしても、どのような意味で重要であったかは、時代に応じて、あるいは立場に応じて、変わってくるからである。

世界大の戦争が数十年に一度の頻度で発生し、地域紛争が常に蔓延している国際社会の歴史と現状を見ると、平和という価値が、果たして本当に重要なものとして認められているのかを疑うこともできるかもしれない。しかし平和の崩壊としての戦争の繰り返しが、常に**平和主義**への新しい熱情を再興させてきたこともまた事実である。国際社会の歴史とは、戦争の再発と、平和主義の再興とによって彩られたものであると言っても過言ではない。たとえ戦争の渦中にあっても、国際社会全体から平和の価値が失われたことはないのである。

すでに第5章でふれたように、国際連合憲章は国連の目的を示した第一条の第一項において「国際の平和及び安全を維持すること」をあげている。国連は、国際社会の平和を維持することを主要な目的として設立された組織であるが、逆に言えば、平和の問題が国際社会にとって最重要課題であるからこそ、国連のような包括的な組織が作られたのだとも言える。

国連が持つ平和への態度は、国際社会全体の基本的姿勢を反映したものだと言うことができるだろう。第二次世界大戦の惨禍を繰り返さないという切実な願いによって作られた国連は、いかなる種類の安全保障上の問題についても「主要な責任」を持って対応する安全保障理事会に、卓越した権限を与えている。しかし平和に関する問題を扱うのは安全保障理事会だけではなく、経済社会理事会に属する専門機関も、平和に貢献する活動を広範囲に行っている。

こうした国連の構造は、ヨハン・ガルトゥングの有名な定義を参照することによって、説明することができるだろう。ガルトゥングによれば、戦争の欠如としての平和は、「**消極的平和**（negative peace）」と呼ばれる。平和とはあらゆる暴力の欠如であるとする立場から、ガルトゥングはさらに戦争という物理的暴力だけではなく、「**構造的暴力**（structural violence）」と彼が呼ぶものの欠如も、平和に関する問題であるとした。「構造的暴力」とは、貧困や人権侵害や疫病や環境悪化などの社会構造によって引き起こされる暴力のことを指す。この「構造的暴力」の欠如は、「**積極的平和**（positive peace）」と呼ばれ、人間が自らの持つ可能性を発現していくために必要な平和のことであるとされた（ガルトゥング 一九九一）。こうしたガルトゥングの見取り図にしたがえば、「消極的平和」に関わるのが安全保障理事会であり、「積極的平和」に関わるのが経済社会理事会であるということになるだろう。

国際社会において、あるいは国連システムにおいて、「消極的平和」は「積極的平和」よりも切迫した問題であると認識されてきた。今日においてもその傾向はなくなっていない。しかし平和が多義的なものであり、国際社会もその多義性に対応する体制をとらなければならないことは、よく認識されている。貧困、人権侵害、疾病、環境悪化などの諸問題が、戦争とは異なるやり方で、しかし深刻に、世界あるいは地域の平和を脅かしていることは、今日では強く認識されている。したがって現代国際社会の平和主義は、こうした「構造的暴力」への対応も含み込むものでなければならないのである。

また同じ「消極的平和」であっても、個々の国家の安全保障に関わる事柄に比して、国際社会全般の平和に関わる事柄には関心が集まらないという傾向もある。たとえば国際社会の平和を実現していくためには、核不拡散および核軍縮が進展することが望ましい。しかし個々の核保有国は、核兵器を保持することが自国の安全保障にとって重要であると考えるので、全般的な核廃絶には応じない。むしろ「消極的平和」は、核の抑止力によって、よりよく実現されていると主張しさえするかもしれない。

ただし地域レベルの平和への脅威にも、十分な関心が集まっているわけではない。確かに冷戦後の国際社会においては、地域紛争に対応する平和活動が、質・量の両面において飛躍的に拡大した。しかし依然として多くの武力紛争に対して、国際社会は効果的な対応策をとれていない。むしろ発展途上国で頻発している地域紛争に対して、先進諸国の継続的な関心を得ていくのは難しいというのが実情である。

また今日の国際社会において深刻なまでに進んでいる経済格差とそれに伴う貧困層の広がりが、人々が平和な生活を享受することを困難にする大きな障害となっていることは、自明の事実である。悪化し続けている環境が引き起こす諸問題も、地球大の規模での大きな「構造的暴力」となっている。また拷問・失踪・人身売買などの深刻な人権侵害が蔓延し、ＨＩＶ／ＡＩＤＳをはじめとする生死に関わる疾病が広がり続けている現状では、「積極的平和」が失われている地域を立て直すことが非常に難しいことは、当然であろう。

このような平和（主義）の限界と多義性を自明としつつ、なお平和の価値規範が国際秩序の一支柱を構成していることを認識することは、国際社会の秩序を把握するために、必要不可欠な視点であろう。平和という価値が国際社会において持っている決定的な重要性は、忘れ去られたことはない。その重要性は、国際社会に生きる人間が、何度となく平和を失いながら、しかし不断に平和を勝ち取るための努力を続けてきたという事実によって、裏付けられている。人間とは、戦争を繰り返してしまう存在であると同時に、平和を追い求めることなくしては生きていけない存在でもある。そうである限り、国際社会における平和の至高の価値は、決して失われることはないのである。

2―平和の思想

人類の歴史は戦争に満ち溢れており、その現実を前提にして生きる者たちと同時に、現実を変革して平和を達成しようと試みる者たちが、数多く現れてきた。その戦争と平和の葛藤の中で培われてきた様々な平和主義の流れを整理することは、必ずしも簡単な作業ではない。しかしここでは便宜的に、あえて国際社会において無視し得ない平和主義の流れとして、宗教的平和主義、合理主義的平和主義、国際主義的平和主義、社会主義的平和主義、反体制的平和主義、絶対平和主義、非同盟運動平和主義、などを、抽出してみたい。

第一に、平和主義の極めて原初的な姿として、宗教的教義に裏付けられたものがある。もちろん武力に訴えて戦争行為を仕掛ける者が後を絶たない現実の中で、**宗教的平和主義**が国際社会の場で力を持つことは多かったわけではない。仏教思想のように、人類史の中で大きな影響を持ってきたとはいえ、人間の内面の平和を重視するために政治的な役割が歴史的には必ずしも大きくなかった宗教もある。しかしその一方で、幾つかの宗教の教義と組織が、国際社会に少なからぬ影響を与えてきた。中でも特筆すべきは、いわゆる「セム系一神教」の流れに連なる、ユダヤ教、キリスト教、イスラム教である。国際社会全体の秩序の観点から言えば、特に、キリスト教とイスラム教の思想的影響力が、極めて重要である。

キリスト教の歴史的役割は、複雑である。一方において「山上の垂訓」に象徴される非暴力主義のキリスト教の性格は、欧米諸国の平和運動の一つの精神的支柱となっている。だが宗教戦争や、十字軍の歴史に見られるように、キリスト教は、ヨーロッパ内外において、数々の戦争の要因ともなってきた。またヨーロッパ列強による植民地主義の歴史を通じて、キリスト教は非ヨーロッパ圏の統治構造の形成にも、深く関わった。今日においても、アメリカにおけるキリスト教を基盤とする宗教思想の影響力や、ヨーロッパ諸国のキリスト教を媒介とした精神的紐帯の強さは、大きな政治的意味を持っている。キリスト教が本来持っている普遍的平和主義が、宗派的あるいは文化的に解釈される度合いは、国際社会の秩序にも少なからぬ意味を持っている。

イスラム教もまた、中東を中心とする地域の政治構造のあり方に、大きな影響を及ぼしてきた。聖俗の一元的世界観を特徴とするイスラム文化圏社会において、宗教思想との結びつきを全く排した政治権力が生まれることは、基本的にありえない。聖職者が直接統治に関わるかどうかは別にして、政治権力が宗教の教義を遵守して統治を行うべきであることは、当然のことである。そこでイスラム教の教義が本来持っている平和志向が、統治形態の性質にも影響を与える場合がある。たとえば一般にイスラム圏諸国は、アジア諸国と同様に、他国への介入には慎重である。しかしその一方で、イスラム圏の人々は、今日の国際社会では稀有なまでに強固な宗教文化共同体を形成しており、異質な文化の侵食には警戒心を隠さない。

他文化集団への非寛容性が、極端な形で現れるのが、イスラム原理主義であり、アル・カイダが代表するテロリスト勢力である。もちろん一般のイスラム教徒の大多数が過激派の思想に同調しているわけではない。イスラム教の基本的性格が平和的なものであり、むしろ他の宗教と比しても平和の概念を重要視する傾向を持っていることは、疑いのないところであろう。「ジハード」が、宗教的な原理からすれば、人間の内面の闘争を意味する平和的な「聖戦」を意味することもしばしば強調される。しかし過激派勢力が「ジハード」概念を武装闘争に適用しているのも、また一つの事実である。理論的に言えば、聖俗が一体化した価値規範を持つ社会においては、少なくとも世俗的な平和だけでは十分ではない。イスラム世界における平和とは、空虚な実体のない概念ではなく、あくまでも神の存在する世界における平和でなければならない。したがってイスラム教が平和的なものであることを強調したとしても、イスラム圏の人々を、確立された国際社会の価値規範の枠組みと一致させたことにはならない。

キリスト教やイスラム教が、「正戦」あるいは「聖戦」の概念を保持し、発達させてきたという歴史的事実は、宗教的な平和観の現実への適用の困難を物語る。宗教の教義にしたがって「敵」に対抗して立ち上がることは、それぞれの宗教において必ずしも否定されてこなかった。「デモクラティック・ピース」論における論理構成と同様に、それぞれの宗教世界の広がりが、平和主義の広がりと同一視され、宗教を基礎にした平和の達成が、平和一般の達成と同一視されるような傾向が生まれたときすらあった。

第二に、平和主義は、**合理主義**を標榜する思想家たちによって、何度となく強調されてきた。ルネサンス期に『平和の訴え』を著したことで知られるエラスムスは、戦争に明け暮れる人々を非難しつつ、戦争が経済的に見合わない行為であることを強調し、合理的計算にしたがって為政者が行動しないのであれば、民衆が力を持つ政治体制を実現しなければならないと主張した（エラスムス　一九六一）。エラスムスと同じ一六世紀の思想家であるトマス・モアは、『ユートピア』を著し、戦争の原因は好戦的な君主たちにあるとの認識の下、徹底した平等主義を原則とした架空の孤島の平和について描き出した（モア　一九五七）。

一七世紀の啓蒙の時代には、よりはっきりと、社会システムの整備によって平和を達成しようとする方向性が模索された。フーゴ・グロチウスは、一六二五年に『戦争と平和の法』を出版し、正式な戦争、正しい戦争について、法的観点から論じた（Grotius [1625] 1964）。グロチウスが意図したのは、自然法の概念によって、諸国民間の関係を法的に制御し、それによって戦争行為も制御しようとすることであった。同じ一七世紀の思想家トマス・ホッブズであれば、主権者の権力を正当化することによって、国内社会の平和への道筋を説明しようとした（Hobbes [1651] 1985）。ジョン・ロックであれば、「自然状態」を人々が平和に暮らしていた状態として描き出し、「自然状態」においてのように諸個人の権利が守られている状態を保障する政府を樹立すれば、安易に戦争に訴えることはなくなるはずだと考えた（Locke [1689] 1967）。

第三に、このような合理主義の平和主義は、国民国家化が進展した近代になると、すでに第4章でも見た**国際主義**の性格を強めていく。一八世紀には、たとえばジャン＝ジャック・ルソーが、社会契約論を国家間関係に適用することによって平和を達成する可能性を模索した。君主制を大前提にしながら名君の登場に期待するベルナルダン・ド・サン＝ピエールの『永久平和論』を批判して、共和国の小国からなる国家連合の必要性を唱えた。ルソーにとっては人民主権が達成されない国家は平和的ではありえず、あくまでも共和制をとる小国の連合に平和達成の期待をこめたのであった（松本 一九九二）。イマヌエル・カントは、『永遠平和のために』において、常備軍の撤廃を唱え、しかも共和制を原則とした諸国による国際的な平和連合の樹立を構想したのであった（カント 一九八五）。

国家間の戦争が起こるのは、戦争によって利益を得ようとする為政者のためである。したがって戦争を防ぐために必要なのは、各国の政治体制の変革である。あるいは国家が乱立していることが、戦争の温床になっている。したがって戦争を防ぐために必要なのは、国家連合体を作り出すことである。ヨーロッパにおける平和の思想家たちが考えたのは、おおむねこのような合理主義かつ国際主義の立場であった。

このような思想の影響を受けて、第一次世界大戦後に国際連盟が設立されたことは、すでに第4章で見たとおりである。また米国大統領ウッドロー・ウィルソンによって、第一次世界大戦後に民族自決の思想が導入されたのも、帝国主義下の外国統治が政治体制を不安定化させる温床になっているとの認識からであり、つまり政治体制を変革して平和を導き出すためであった。

第二次世界大戦後にも、国際連盟の失敗を克服するために国際連合が設立された。同時に、世界大戦の原因となった枢軸国＝敗戦国には、連合国＝戦勝国による占領統治が行われ、政治体制の抜本的な改革がなされるという状況も生まれた。これは軍国主義的な社会制度を作りかえることなくしては、ドイツや日本のような軍国主義国家が平和主義国家に生まれ変わることはない、との認識によるものであった。つまり「体制転換」こそが、平和への道であるという確信にもとづいて行われたのであった。

共和制になるだけでは新たな資本家階級の支配を招くだけだという考えから一九世紀以降に生まれてきた、**社会主義**の伝統を、第四の平和主義の流れとして、特筆しておくこともできるだろう。社会主義思想の流れの源泉としては、まずアンリ・ド・サン＝シモンやピエール・ジョセフ・プルードンが、いびつな産業構造の是正こそが、平和のために必要だとする著作を著した（サン＝シモン 二〇〇一；プルードン 二〇〇三）。そしてカール・マルクスやフリードリヒ・エンゲルスも、労働運動が平和運動につながると考え、共産主義革命が世界を平和にすると考えていた（マルクス・エンゲルス 一九五一）。

一九世紀当時のヨーロッパは、大国によるバランス・オブ・パワーによって、かろうじて戦争の不在としての均衡が保たれているだけの世界であった。大国間の勢力争いは、帝国主義の形態で、世界大に広がっていた。そこでバランス・オブ・パワーの均衡を超えた安定的平和を求める者は、既存の政治体制を根本的に批判する社会主義勢力に参加するようになっていった。ロシア革命によって社会主義国家が成立した後も、さらに他の地域での革命を追求していくことが平和につながるとする運動が展開していく。二〇世紀の社会主義諸国は、社会主義思想こそが真の平和主義であると主張したのであった。冷戦終焉後の世界において、社会主義思想はほとんど敗北した思想として扱われ、影響力を持っていない。しかしながら社会主義革命の恐怖があったからこそ、敵対する陣営も労働者に対する社会保障を充実させる政策などをとらざるをえなかった。社会主義に与《くみ》しないとした勢力も、社会主義勢力が台頭しないような国家体制を樹立することによって平和を追求していかなければならず、多くの場合、妥協策であるような懐柔策がとられたのであった。

このように平和主義の思想は、概して戦争と権力政治の現実から距離を置き、その現実を根本から作り直すような政治運動を促すものとして働くことが多かった。既存の体制を前提にした思想が、安全保障政策の精緻化に向かったとすれば、歴史的に言えば、平和主義とは、現実の政治体制に平和の阻害要因を見出し、新しい政治体制の構築を目指すような傾向を強く持ってきた。

反体制的平和主義を、さらに第五の平和主義の流れとして、整理しておくこともできるだろう。先進国の国内社会においては、一九六〇年代末に反体制を掲げた学生運動が、頂点に達した。それは、ベトナム戦争に対する抗議行動とも重なり、反戦運動と結びついた。アメリカでは、さらに伝統的な社会構造の変革を目指す公民権運動と、結びついた。日本では、日米安全保障体制を問い直す運動と、結びついた。イデオロギー的な体系性の有無にかかわらず、これらの運動の担い手たちは、自らの側を「平和主義」の陣営として位置づけるのが普通であった。したがって国際社会に対する態度としては、世界大の原水爆禁止・反核運動などが、諸々の反体制的な運動とも密接なかかわりを持ち、「平和主義」の代表的な運動としてみなされるようになった。

第六に、より精神面において発展した反体制の平和主義は、「**絶対平和主義**」として特徴づけておくことができるだろう。マハトマ・ガンディーが標榜した「**非暴力主義**」に相通ずる「絶対平和主義」は、平和主義が歴史的に持ってきた体制変革への志向を共有している（ガンディー 一九九七）。それは、平和という目的のためであっても、非平和的な手段を行使することを決して許さない、という立場を貫くものである。たとえ相手がどれほど暴力的な態度を示してきたとしても、自らは絶対に平和的態度をとり続けるという徹底した平和主義である。

このような「非暴力主義」は、多くの平和主義者を魅了し、国際社会において畏敬の念を集めた。したがって国際的な平和主義へも一定程度の影響を与えたと言うことができる。しかしそれは、政治的には決して主流となることはなかった。「絶対平和主義」とは、政治的に言えば、自己や自己が属する共同体が、武力攻撃の犠牲になる場合でも、決して武力で反撃しないような立場を意味する。これは哲学的・宗教的には理想とすべき態度だが、他者と形成する共同体内部での人間生活の感情や歴史にてらしてみれば、不自然な態度となる。

第七に指摘できるのは、こうした先進国内の反体制運動や、非暴力主義を掲げる「絶対平和主義」とは一線を画しながら、国際社会の一つの潮流となっていった、一九五五年の「バンドン会議」に端を発する「**非同盟運動**（Non-Alignment Movement：NAM）」である。「歴史上初めての有色人種のみの国際会議」といわれた「バンドン会議」には、「反西欧ではなく、アジア、アフリカ諸国の誇りの上に立った国際協調」（インドネシアのスカルノ大統領）という目的を掲げて、アジアとアフリカから二九カ国が参加した。そして基本的人権、国家主権、国家平等、内政不干渉、領土保全、平和的手段による紛争解決などを謳った、「世界平和と協力の推進に関する宣言（バンドン一〇原則）」を発表した。

非同盟運動は、その後、反帝国主義・反植民地主義闘争を支持する立場を打ち出した、ベオグラードで一九六一年に開催された第一回非同盟諸国首脳会議や、「天然資源の国有化」や「新国際経済秩序（New International Economic Order：NIEO）」の確立を謳った「アルジェ憲章」を採択した一九七三年のアルジェでの第四回会議などの際に、存在感を示した。しかし現実の国際政治において、非同盟運動が、一つの独立した政治勢力として完全に機能したわけではなかった。国際協調を目指すアジア・アフリカ諸国の「誇り」は、容易に二極対立の冷戦構造に、あるいは反西欧の思想運動に飲み込まれてしまいがちであり、また非同盟諸国相互の対立や、地域内の「局地紛争」によって、消耗してしまいがちであった。そもそも「バンドン一〇原則」のときから、非同盟運動が共有する価値規範の枠組みとは、すでに国連憲章において体系化されているものであった。したがって東西両陣営のどちらにも与しない平和主義を求めるという態度は、国連憲章に代表される国際秩序像や、アジア・アフリカの「誇り」を強調することを超えて、独自の思想体系を生み出すことはなかったのである。

ただし今日の国際社会における非同盟運動の意義を軽視することも、必ずしも正しくない。一一六カ国にまで膨れ上がった非同盟運動の参加国は、二〇〇三年二月の「第一三回非同盟諸国首脳会議」において、アメリカが開始しようとしていたイラク戦争を牽制する声明を出して、存在感を示した。国連総会の場などでも、非同盟諸国の結びつきが意味を持つ場合がある。冷戦後世界において、自由民主主義の広がりを背景に、欧米諸国が積極的な活躍をする一方で、逆に非同盟運動が、その存在意義を強めている面もあるのである。

平和の価値の重要性を否定する者は、あまりいない。しかしそこから導き出されてくる思想には、相当な幅があると言ってよい。他の全ての価値を絶対的に凌駕する価値として平和を考えることを否定するのであれば、「非暴力主義」と同義である「絶対平和主義」に至ることになる。しかし国際社会は、たとえ「絶対平和主義」を尊重し、それに影響されてきたとしても、決してそれを国際社会の構成原理とみなそうとはしない。むしろ国際社会は、いわば制度化された平和主義を信奉するのである。

3――人道・開発援助

現代国際社会において特徴的なのは、平和が国際協力の分野で確固たる位置づけを与えられた論点になっていることである。伝統的な国際社会における平和の問題が国家間戦争を防ぐ問題であったとすれば、今日では地域紛争への対処が平和に関する大きな問題になっており、国際社会が団結してどのように対応するか、という点に、関心が集まるようになっている。今日の国際社会では、平和の問題は国際安全保障の問題であるだけではなく、国際協力の分野の問題にもなっているのである。

もちろんそれは社会的・経済的な問題を解決することなくしては、真に平和な社会の基盤を作っていくことは不可能であるという考え方から成り立っている。より理論的に言えば、戦争の欠如としての「消極的平和」とあわせて、構造的暴力の欠如である「積極的平和」を追い求めることなくしては、複雑化した現代国際社会の平和主義は、成立しえないのである。また国際秩序に内在している西洋中心主義の思想を正していくためには、たとえば自由権偏重の人権規範体系を見直すべきだとする見方もある（大沼 一九九八）。つまり社会権重視の姿勢をとっていくことは、今日の国際社会においては、西洋中心主義からの脱却につながるというわけである。

二〇世紀においては、国際社会が国連のような国際組織を樹立することによって、消極的平和を達成しようとしたと同時に、様々な社会経済分野での**人道・開発援助**（humanitarian and development aid）活動によって、積極的平和の面での進展を目指していくような状況も常態化した。現在では、過去の時代にはなかった規模で、国際機関が発展途上国において、人道・開発援助活動を行っている。各国政府が、競って**政府開発援助**（Official Development Assistance：**ODA**）などを通じて、発展途上国への援助を行っているのは、二〇世紀以前には見られなかった現象である。国際協力を通じた発展途上国の基盤強化策が、究極的には平和に役立つとの認識が国際社会に広まっていることも、背景にある大きな要因である。

紛争や自然災害の際に、国際機関、各国政府機関、NGOなどが、大挙して緊急人道援助活動を行う場面も、今日では見慣れたものになってきた。近年では地雷除去や被害者支援などを通じて、継続的な人道支援活動のためにODAを活用する方法なども、見られるようになった。ただし今日の平和主義の大きな課題は、対処療法的な人道援助によっては解決されることのない世界大の矛盾が社会的・経済的分野に存在していることである。

たとえば世界の六五億人の人口のうち、約一七%にあたる一一億人が、初等教育、保健医療、安全な飲み水等の基本的なサービスを受けることができず、一日一ドルを下回る生活をしている貧困人口である。一日二ドル未満は、世界人口の約四二%の二七億人である。先進五四カ国の所得が世界の五五%を占めており、その三倍に相当する残り一五四カ国は世界所得の四五%を占めているに過ぎない（白井二〇〇五、二頁）。世界人口の四分の一に満たない人々が世界の穀物生産量の半分以上を消費し、そのうちの半分は家畜のえさにしている。一九八一年以来、AIDSは約二五〇〇万人の命を奪い、現在でも四六〇〇万人とも言われる数の人々がHIVウィルスに感染して生きている。その約半数の二〇〇〇万人以上は、人口の半分が一ドル以下の貧困生活を送るサハラ砂漠以南のアフリカ地域に住んでいる（UN-AIDS 2006）。

こうした劣悪な生活環境に世界の大多数の人々が喘いでいる現状が、決して「平和的」なものではないことに、疑いの余地はないだろう。世界をより「平和的」にしていくためには、人々を苦しめている社会的・経済的困難を除去していかなければならない。したがって発展途上国の「発展（development)」を促すための開発援助に先進国が乗り出しているのも、それにともなって平和主義の視点に、開発援助が大きく導入されているのも、きわめて当然のことであると言える。

開発援助の歴史は、第二次世界大戦後から始まった。ヨーロッパに「マーシャル・プラン」と呼ばれる大規模な復興支援を行ったアメリカは、冷戦構造の一極の盟主として、さらに多くの国々に対して経済援助を行う政治的動機を持つことになった。すでに世界恐慌によって進んだブロック経済による世界経済の混乱収拾を目的にして、一九四五年に国際通貨基金（ＩＭＦ）と国際復興開発銀行（International Bank for Reconstruction and Development : IBRD, 通称「世界銀行（世銀）」）が設立されて「ブレトン・ウッズ体制」が確立され、アメリカの世界経済における指導的立場も固まった。また脱植民地化の流れによって逆に顕在化した「南北問題」に対処すべく、一九六〇年には国際開発協会（International Development Association : IDA, 通称「第二世銀」）、一九六一年に経済協力開発機構（Organization for Economic Co-operation and Development : OECD）が創立され、その傘下に開発援助委員会（Development Assistance Committee : DAC）が設立された。一九六一年、アメリカのジョン・Ｆ・ケネディ大統領は、国連総会演説で先進国の国民所得の一％の移転と、途上国の年率五％の成長を目標とした「開発の一〇年」を提唱した。すぐに国連総会は「開発の一〇年」戦略を採択し、本格的な開発援助の時代が始まることになった。

当時の開発援助戦略は、アメリカをモデルとして経済成長の最終段階を高度大衆消費社会とみなし、すべての国々がその目標に向かって「離陸《テイクオフ》」すべきことを前提にするようなものであった。しかし実際には経済格差は改善されず、やがて一九七〇年代になると、経済成長よりも雇用と所得の再分配を重視して貧困の解決を目標とする時代が訪れる。「人間の基本的ニーズ（Basic Human Needs : BHN）」の充足に力点を置いた開発戦略の時代である。ＢＨＮ戦略は、貧困を所得という経済面だけではなく、栄養状態や教育へのアクセスといった点からも考えるという特徴を持っていた。しかし先進国の援助を安上がりにするためのものだという批判や、「基本的ニーズ」の内容をめぐる論争が起こり、次第に後退していった。一九八〇年代になると、環境破壊の問題がいっそう深刻になったことを受けて、環境と開発を両立させる「持続可能な発展（sustainable development）」が目標とされる時代になる。さらに世界銀行が主導した「構造調整政策」に対する高まる批判を受けて、一九九〇年代には国連開発計画（ＵＮＤＰ）が唱導する「人間開発（human development）」の考え方が着目されるようになった。すでに第5章で見た「人間の安全保障」の考え方が提唱されたのも、国連開発計画が毎年発行する『人間開発報告』においてであった。

「人間開発」という考え方は、アマルティア・センの理論に依拠している（セン 二〇〇〇）。センは、貧困を「権利」、「機能」、「潜在能力」の三つの概念を用いて、分析する。財に対する支配権が「権利」であり、その「権利」を使って何ができるかが「機能」であり、その「機能」の集まりが「潜在能力」である。センはそこで貧困を、「権利」の剝奪によって人間らしい生活に必要な「基礎的潜在能力」が欠けている状態であると定義した。こうした定義によって理解される「慢性的貧困」に対応するためには、公正な分配を行うための社会制度の改革が必要であるとされた。

この考え方はジョン・フリードマンが主張する「社会的な力の剝奪（disempowerment）の一形態」としての貧困の捉え方にも相通ずるところがある（フリードマン 一九九五）。したがって貧困から脱出する道は、制度的・組織的に意思決定過程から排除されている人々が自ら力を獲得すること、すなわち「エンパワーメント（empowerment）」にあるとされた。貧困の根本原因は社会的な力の基盤である資源にアクセスできないことであると考えられるので、そうした資源への接近の機会を得て、意思決定における自律性としての力を獲得することが重要であるとされるようになったのである（石井 一九九九）。

このように第二次世界大戦以後の時代に、開発援助が国際社会の重要な活動領域の一つとして位置づけられ、様々な議論も起こってきた。しかし果たしてどれだけの効果があがってきているのかは、必ずしも明らかではない。現実には、現代世界の経済格差はむしろ拡大しているからである。一九六〇年と二〇〇三年を比べた場合、一人当たり所得は、世界平均で二六二一米ドルから五七八七米ドルへと倍増している。しかしその一方で、一九六〇年に約四五倍であった高所得国と低所得国との間の格差は、二〇〇三年には六六倍へと拡大した。東アジアでは、一九六〇年の一人当たり所得一五〇米ドルが、二〇〇三年には七・五倍の一一二一米ドルへと、飛躍的に増えている。ところが一九六〇年に四七七米ドルと、むしろ東アジアよりも高い一人当たり所得を持っていたサハラ砂漠以南のアフリカ地域は、四〇年間でわずか一・二倍にしか一人当たり所得を増やすことができなかった（白井 二〇〇五、二〇—二一頁）。

このようにしてみると、開発援助が、現代国際社会の平和主義の一支柱を構成する活動であるという見方が定着しているとしても、その捉え方には様々な立場がありうることがわかる。たとえば貧富の格差を拡大させている「経済グローバリズム」を問い直さなくては、どれだけ開発援助を行っても、現状維持的な発想から抜け出ることができないという主張もある。また国家の指導的立場を自明の前提とした「開発イデオロギー」それ自体に、平和の条件を問題提起する視点が欠落しているとする指摘もある（高田　一九九九）。

飛躍的な経済発展を遂げた東南アジア諸国は、独特の事情で開発援助を媒介にした発展を遂げた。冷戦の最前線であったこの地域は、アメリカや日本の開発援助の集中的投下が、反共産主義の姿勢をとる各国政権と結びついて実施された。それが一九七〇年代の米中接近以降の冷戦体制の弛緩を受けて、「強いられた自立」の時代に移行し、時には「開発独裁」とさえいわれる独特の「開発体制」の確立へと進んでいった。韓国の朴正熙政権、台湾の蔣介石＝蔣経国政権、シンガポールのリー・クアンユーの人民行動党政権、タイのサリット政権およびタノーム＝プラパート政権、フィリピンのマルコス政権、インドネシアのスハルト政権、マレーシアのマハティール政権などに代表される「開発体制」は、伝統的な地域共同体ではなく、国家の利害を最優先させて、物的人的資源の集中的動員と管理を図ろうとするイデオロギーである「開発主義」を国是とする特徴を共有していた。その過程において、非同盟運動のエネルギーは、「上からのナショナリズム」に変換され、民主化や人権問題を先送りにしても国家統制による開発を進める体制が、事実上、地域の平和的安定と同一視されることになった（古田　一九九九：

末廣 一九九四)。こうした文脈において、「開発」が意味するのは、アジア特有の一つの国際秩序形成原理それ自体のことにほかならない(宮城 二〇〇四)。

やがて冷戦体制の崩壊と各国の経済水準の成熟によって、東南アジア諸国にも民主化の波が訪れる。しかし飛躍的な経済成長と安定的な国家運営に支えられた「開発体制」の神話は、開発援助の分野における平和主義のあり方について、大きな影響を与えたと言ってよいだろう。経済成長は政治体制の問題であり、政治体制の問題こそが平和の問題だからである(エドワーズ 二〇〇六)。遅れて経済発展を遂げてきた中国が、アフリカに対する経済支援を強化するにあたって、非同盟運動の内容を引き継ぐような平和秩序と協力関係を標榜しているのは、示唆的である(Forum on China-Africa Cooperation 2006)。

国際社会は、二〇〇〇年の国連ミレニアム・サミットで「ミレニアム開発目標(Millennium Development Goals : MDGs)」を共通の目標として設定した。MDGsは、二〇一五年までに、貧困・飢餓の撲滅や、初等教育の完全普及などの八つの具体的目標の達成を目指すものであった。これにしたがって、援助供与国側には、努力目標として、ODAを国民総所得の〇・七%まで増額するという数値目標が与えられた。特に深刻な諸問題を抱えるサハラ砂漠以南のアフリカ諸国に対する援助の戦略については、頻発する武力紛争を誘発したり助長したりしない配慮が求められていることとあわせて、大きな課題がつきつけられた(世界銀行 二〇〇四;アンダーソン 二〇〇六)。二〇一五年には持続可能な開発目標(Sustainable Development Goals : SDGs)が採択され、あらたに二〇三〇年までに達成することを目指す一七の目標と、一六九のターゲットが定められた。

多くのアフリカ諸国は、植民地時代に恣意的に設定された国境線を引き継ぐ形で独立を果たした後、「国民国家の形成」という問題と格闘し、依然として苦闘し続けていると言ってよい。「開発体制」という確立されたモデルが生み出されることもなく、ほとんどのアフリカ諸国では、一党制国家や軍事独裁が広がり、冷戦末期以降に突如として複数政党制と選挙の波を浴びることになった。結果として、安定的な国家機構が確立されることがないまま、旱魃《かんばつ》、農業用地不足、環境悪化、食糧危機、累積債務、そして相次ぐクーデタと武力紛争などの諸問題に、立ち向かっていかなければならなくなったのである（北川　一九九九）。その過程において、構造調整計画や民主化を要請した国際社会の側は、アフリカの発展と不安定化の両面において、大きな影響を及ぼした（藤本　一九九九）。「破綻国家」現象が顕著になったアフリカの混乱は、ラテン・アメリカ諸国のように、国家機構による人権侵害の歴史の根が深く、同じように構造調整や民主化による社会不安を経験しながらも、国民国家の存続の危機にまでは至らなかった場合と比しても、際立っている（鈴木　一九九九；谷　一九九九；大串　一九九九）。アフリカは、今日の国際社会にとって、平和主義の一支柱としての開発援助のあり方が根本的に試される地域であると言ってよいだろう。

なお二〇一〇～一二年の「アラブの春」以降、中東・北アフリカでは政情不安が高まり、紛争も多発した。イエメンやシリアに、世界最大規模の国際的な人道援助が投入されるようになった。

開発援助や人道援助と平和が密接不可分の関係にあることについては、今日の国際社会において広範な合意がある。開発援助や人道援助が平和主義の観点から位置づけられるべきものであることについても、大きな異論は存在しないと言ってよい。しかしその背景に、国際秩序観に関わる重大な思想的相違が見られることも確かである。

アメリカを中心とする欧米諸国は、開発援助に自由民主主義的観点から要請される諸条件を連動させる傾向を持っている。人権侵害を行う政府に対して援助の停止を辞さなかったり、民主化支援の援助プログラムに優先的な資金配分を行ったりすることが、その例である。そもそも援助対象国の選定自体が、各国の利害関心に応じて決められており、純粋な開発のニーズに即して決められているわけではない。

これに対して、「世界最大の発展途上国」にして「二一世紀の超大国」を標榜する中国が代表する見方によれば、開発援助とはあくまでも諸国間の協調にもとづいた平和を促進するためのものである。「発展（development）」と「平和」は、それぞれがお互いの条件となるものだが、それは他の政治的利害によって左右されるべきものではなく、まして大国の干渉によって動かされるべきものではない。

いずれの場合においても、確認しておくべきなのは、人道・開発援助とは単なる技術的な作業ではなく、国際社会の秩序のあり方に関する態度を、したがって国際社会における平和主義の内容を、総合的に問い直すような意味を持っている、ということである。人道・開発援助のあり方は、今後も、国際社会が標榜する平和主義の性格を定めるような重要性を持ち続けていくことになるだろう。

4―国際平和活動

国際社会において最も直接的に平和の実現を目指す活動が、**「国際平和活動**（international peace operations)」である。この「国際平和活動」は、**「紛争予防**（conflict prevention)」、**「平和創造**（peace-making)」、**「平和維持**（peacekeeping)」、**「平和構築**（peacebuilding)」などと称される諸々の活動が含み込まれる包括的な概念である。つまり国際社会が平和の実現を目的として様々な活動を行っていることを前提にして、その総称として用いられているのが、国際平和活動である。

現代国際社会では定着している国際平和活動だが、今日のように明確な組織的な形態をとって平和のための国際的な活動が行われるようになったのは、ほぼ第二次世界大戦後であると言っても過言ではない。それまでの主な国際社会の平和への取り組みは、文化的・宗教的な面での平和運動や、制度的な改変の動きであった。戦争が憎しみ合う人と人との間で生まれるのだとすれば、憎しみを緩和させるものとして、文化や宗教を通じた平和の価値の訴えがなされる。近代という時代になると、戦争は君主間あるいは国家間の権力闘争によって生じるという特有の発想が支配的になり、その政治的構造を変革することが平和への道であると考えられるようになる。第4章で見たように、主権国家の連合体である国際組織を作ることや、国際裁判所を作ることが、最も重要な平和への道であると考えられるようになった。制度的変革の可能性に否定的な見解を持つ者は、緩やかな国際制度としてのバランス・オブ・パワーの抑止効果に期待するのが、通常であった。

しかし第二次世界大戦以降の世界は、超大国が構造的に対立しあう反面、両者の直接対決はなかなか発生しない状態が続いた。そこでより直接的で現実的な課題は、局地的に発生する武力紛争にどのように対処していくか、であった。超大国自身が局地的な地域紛争に大々的に関与することができない以上、何らかの第三者機関または中立的国家が、地域紛争に対処しなければならない。そうしたニーズの中で生まれてきたのが、国連の**平和維持活動**（Peacekeeping Operations：**PKO**）であった。

第一次中東戦争後の一九四八年に作られた国連休戦監視機構（UN Truce Supervision Organization：UNTSO）が、一般に国連ＰＫＯの先駆けであると理解されている。明確な新しい目的意識にもとづいてＰＫＯが組織されるようになったのは、スエズ危機後の一九五六年に設立された国連緊急軍（UN Emergency Force：UNEF）からである。当時カナダの外相としてＵＮＥＦ設立に奔走したレスター・Ｂ・ピアソンは、五七年にノーベル平和賞を受賞したが、当時国連事務総長であったダグ・ハマーショルドは、国連コンゴ活動（UN Operation in the Congo：ONUC）を派遣したコンゴ動乱での殉職後の六一年に、同賞を受賞した。なお「国連平和維持軍」は、一九八八年に同賞を受賞している。

ただしＯＮＵＣの活動自体は成功に終わったとは言えず、米ソの対立関係も深まった。国連の平和活動の限界が露呈し、冷戦時代には国連ＰＫＯ活動も、決して積極的に行われたわけではなかった。冷戦時代のＰＫＯのほとんどは、停戦監視を主任務とする小規模なものであった。また一九四八年から一九八八年の間の四〇年間に設立されたＰＫＯミッションの数が一五であったことからもわかるように、今日の水準から見れば、量的な面でも低調であった。もっともそれは当時の見方で問題視されていたわけではない。そもそもPKO自体がしばしば「憲章六章半」という言い方で説明されていたように、本来の国際社会の制度の外側で生み出された例外的慣行であるという認識が強かった。限界が明白であったがゆえに、むしろ例外が慣行になっているという事実自体を確認することがまず重要であった。また停戦監視を主任務とすることを前提とした上で、定着した慣行の中から、中立性や同意の原則などを抽出することが求められた。一九六〇年代初期のコンゴ動乱におけるONUCの失敗をどう反省して克服するかが、冷戦時代の平和維持活動の継続・復権にとって最大の課題であり、そのためには堅実で穏健なPKOの形を固める作業が必要であった（香西　一九九一）。

しかし冷戦の終焉にともなう国際社会の変動は、新たに発生する地域紛争の数を増大させた一方で、冷戦時代に長く続いた紛争が終結する機運ももたらした。国際社会の側は、超大国の間の構造的な対立が消滅し、平和活動に積極的に取り組むための障害が取り除かれた。冷戦時代には拒否権の連発で機能不全に陥っていた国連安全保障理事会は、一九九一年の湾岸戦争時における多国籍軍への強制措置の権限の付与によって、劇的な変化を世界に印象付けた。

冷戦終結後すぐに国連事務総長となったブトロス・ブトロス＝ガリは、一九九二年に『平和への課題』を公表し、その後の国際平和活動の概念枠組みに大きな影響を与えた。ガリは、安全保障理事会に要請され、「予防外交」、「平和創造」、「平和維持」について、国連の能力を高めるための分析と勧告を行った。その際にガリは、それら三つの概念に加えて、「平和構築」の概念を大々的に導入し、報告書を作成した（Boutros-Ghali 1992）。

ガリの定義によれば、「予防外交」とは、「当事者間に生起する抗争（disputes）を防ぎ、現存する抗争が紛争（conflict）に発展するのを防ぎ、紛争が勃発したときにはその拡大を制限するための行動」を指す。「平和創造」は、「主に国連憲章第六章で予期されているような平和的手段を通じて、敵対当事者に合意をもたらすための行動」である。「平和維持」は、「関係する全ての当事者の同意に基づいて、通常は国連軍事要員と（又は）警察要員を含み、しばしば文民も含むような現場での国連の展開」であり、「紛争予防と平和創造の両者の可能性を広げるための技術である」。これに対して「平和構築」とは、「紛争の再発を避けるために平和を強化し堅固にする構造を見つけ、支えるための行動」だと定義された。予防外交が紛争勃発前に機能するものだとすれば、主に平和創造と平和維持は紛争中または紛争停止後に、平和構築は紛争後に機能するものだと時系列的に理解された。

ガリによれば、新たに導入された「紛争後平和構築」活動に含まれるのは、かつての紛争当事者の武装解除と秩序の回復、兵器の管理と可能な限りの破壊、難民の帰還、治安維持要員への助言・訓練などの支援、選挙の監視、人権擁護努力の推進、政府機構の改革と強化、そして政治参加の公式・非公式過程の促進であった。そしてガリは法の支配や意思決定の透明性といった民主的実践が、新しい安定的な政治秩序における真の平和と安全保障の達成に寄与することを強調した。

ガリは『平和への課題』で示した概念図にしたがって、国連本部の機構改革も実施した。政務に携わる部門を「政務局（ＤＰＡ）」と「平和維持局（ＤＰＫＯ）」に分け、前者が平和創造などの政務事項を、後者が平和維持活動を扱う体制を作った。平和構築については、既存の経済的・社会的分野の機関が従事するという見取り図が示唆されていた。こうしたガリの措置によって、平和創造、平和維持、平和構築は、憲章が本来予定した制度の外の活動であるという冷戦時代の印象を拭《ぬぐ》い去り、国連が本格的に取り組む重要任務として位置付けられるようになったのである。

一九九五年に発表された『平和への課題・追補』において、ガリは平和のための活動をめぐる概念の整理に関して若干の修正を行った（Boutros-Ghali 1995）。国家間または国家内での紛争解決のために国連が用いる手段としてガリがあげたのは、「予防外交と平和創造」、「平和維持」、「平和構築」、「軍縮（disarmament）」、「制裁（sanctions）」、「平和執行（peace enforcement）」であった。これらのうち最初の三つは紛争当事者の同意を得て行うものであり、国連憲章第七章を前提にして強制力を行使する最後の二つとは対比させられる。ガリによれば、軍縮は中間的なものである。最初の三つは、やはり紛争解決にあたって時間的推移に応じて段階的にとられる措置であると説明された。そしてガリは、紛争回避をはかるための紛争前予防外交や、紛争当事者間の停戦を監視する平和維持活動とは区別された、紛争後社会で平和の基盤を構築するための活動を、平和構築活動と呼んだ。

なお『平和への課題』以降の国際協力としての平和活動の分野における新しい動きを象徴するのが、二〇〇〇年の国連ミレニアム・サミットの直前に発表された『国連平和活動に関する委員会報告』（一般に委員長の名をとって『ブラヒミ・レポート』と呼ばれる）である（United Nations 2000）。ここで「平和活動」とはガリの概念区分が一般化したことをふまえて、今度は逆に統合的観点を強調するために、諸々の平和関連活動を総称する表現として用いられるようになったものである。『ブラヒミ・レポート』では、「平和活動」の総称の下で、ガリによって確立された諸活動が体系的に再構成されて位置づけられた。ガリが、平和創造、平和維持、平和構築などの概念を整理して区分したとすれば、『ブラヒミ・レポート』は、それぞれが密接不可分に重なり合っていることを指摘した。したがって「統合的」な平和活動の概念枠組みの設定と、戦略の策定、そして実施体制が求められることになった。『ブラヒミ・レポート』は、実務レベルでは『平和への課題』以上の影響力を持ち、平和活動ミッションの「統合化」は、その後の平和活動の「戦略」と「実施体制」において、鍵となる概念となった。また「法の支配」などの『ブラヒミ・レポート』が強調した平和活動を統合的に捉えていくための視点は、その後の平和活動ミッションの重要な概念的骨格となっていった。

一九八九年から一九九〇年にかけてナミビアに展開した国連ナミビア独立支援グループ（ＵＮＴＡＧ）が選挙実施や人権啓蒙など、従来の平和維持活動からは踏み込んだ活動を行い、カンボジアにおいて一九九二年から一九九三年にかけて展開した国連カンボジア暫定統治機構（ＵＮＴＡＣ）が統治に関する領域にまで踏み込んだ絶大な権限を保持してより、国連ＰＫＯの変質のイメージは決定的なものとなった。行政活動に関与して国家体制の構築を支援するＰＫＯは、「第二世代ＰＫＯ」と呼ばれるようになり、冷戦時代のＰＫＯとは区別されるようになった。

一九九二年末、ソマリアに展開したアメリカを中心とする多国籍軍部隊である統一タスクフォース（Unified Task Force : UNITAF）に、武力行使を伴う強制措置の権限が、国連安保理によって与えられた。その権限が、翌九三年五月に第二次国連ソマリア活動（UN Operation in Somalia II：UNOSOM II）に引き継がれると、武力行使の権限を伴うＰＫＯの時代が始まったとして、「第三世代ＰＫＯ」という言葉も流通した。しかしソマリアでは、九三年一〇月に米兵一八人が犠牲となる民衆暴動事件が起こり、翌年にはアメリカおよびその他の有力国が撤退するに至って、ＵＮＯＳＯＭ Ⅱは使命半ばで活動を終えた。一般には、「第三世代ＰＫＯ」は、ソマリアでの失敗によって、挫折したと説明される。そのソマリアでの挫折の帰結の一つは、ルワンダであった。国連ルワンダ支援団（UN Assistance Mission for Rwanda：UNAMIR）は、九四年に八〇万人以上が犠牲になった大虐殺が起こった際には、事態に対処するどころか、撤退するしかなす術がなかった。さらに言えば、一九九五年には、ボスニア＝ヘルツェゴビナにおいて、国連平和維持軍が駐留していたにもかかわらず、安保理決議で「安全地帯」に設定していたスレブレニッツアという町にいた約八〇〇〇人の人々の虐殺が行われるという事件が起こった。国連ＰＫＯの威信は、一九九〇年代半ばには地に堕ちた状態であった。

ただしこれによって国際平和活動全般が低調になったと結論付けることは、必ずしも正しくない。なぜなら、たとえばボスニア＝ヘルツェゴビナでは、国連に代わって北大西洋条約機構（ＮＡＴＯ）軍が軍事介入を行い、アメリカにある軍事基地で和平合意交渉が行われるという事態に発展していったからである。「デイトン合意」後の復興段階においても、ＮＡＴＯだけではなく、欧州安全保障協力機構（ＯＳＣＥ）なども大々的に関与し、地域機構が主導権を握る平和維持・構築活動の事例が生まれた。西アフリカ諸国経済共同体（ＥＣＯＷＡＳ）は、リベリアやシエラレオネにおいて、平和維持を名目にした軍事部隊による積極行動をとった。

国連もまた停滞し続けていたわけではない。一九九九年には、二つの巨大な国連ミッションが生まれた。国連東チモール暫定行政機構（UNTAET）と国連コソボ暫定行政ミッション（UNMIK）である。両者に関して、国連は該当地域において、立法・行政・司法に関わるあらゆる権限を得て、行使した。その後は、特にアフリカ地域で新たなPKOミッションが次々と設立され、いずれも武装解除にかかわる活動（Disarmament, Demobilization, Reintegration：DDR）や、治安部門にかかわる改革策（Security Sector Reform：SSR）などを、手がけていった。「文民の保護（Protection of Civilians：PoC）」活動に力点を置く傾向も顕著となった。なお国連ではあらたに「平和構築委員会」が二〇〇五年末に設立され、平和構築の戦略についての助言を行う機能を持つことになった。国際平和活動の戦略形成にあたって重要な「フォーラム」としての役割を担っている（篠田 二〇〇七b）。

国連平和維持活動は、二一世紀になってから、シエラレオネ、コンゴ民主共和国、ダルフール（スーダン）、南スーダン、マリ、中央アフリカ共和国などで、大規模で「多元的な」ミッションを展開させていった。二〇一〇年代前半に予算額や人員数で史上最高の水準となったが、その後は減少傾向もみられ、地域機構との「パートナーシップ」なども重要になっている。

このように国連を中心とする国際社会は、個々の地域紛争に個別的に対応するための国際平和活動を発展させてきた。特に冷戦後世界での国際平和活動の質量の両面での発展は目覚しい。こうした国際平和活動の伝統が、国際社会の平和主義に与える影響については、次の諸点に整理していくことができるだろう。

第一に、今日の国際社会において、地域紛争も「国際の平和と安全」に対する重大な脅威となることを疑う者はほとんどいない。「国際の平和と安全」の字義的解釈に固執すれば、アフリカの小国における内乱が、それに該当する事件であるのかどうかを認定するのは簡単ではないかもしれない。しかし今日の世界においては、地域紛争は容易に周辺地域を通じて世界大の影響を与えていく。しかもさらに言えば、戦争が起こり、人道的危機が発生しているという事実があれば、ほぼ自動的に国際社会は「国際の平和と安全」に関する重大事件であるとみなすべきだ、という考え方も次第に広まりつつある。国際社会が真に平和を求めているのであれば、平和が崩れた社会に平和を取り戻させることを国際社会全体の課題として捉えていくことは、何ら奇妙な態度ではないだろう。

第二に、地域紛争に対処して平和を創造・維持・構築する国際社会の姿は、実践の積み重ねによって形成される平和主義のイメージを、確立し続けている。つまり従来は抽象的な道徳論や制度論に終始していた国際社会の平和主義が、非常に現実的な政策と実践の延長線上にあるものとして、捉えることができるようになってきたのである。

第三に、国際社会は平和活動を通じて、それぞれの地域の国家を、自らの持つ秩序の中で位置づけようとする。ややもすれば分裂しがちである紛争社会の現地アクターと、先進国が主導する国際社会の主流派との間の対立は、国際平和活動を媒介にして、一つの方向性の中で解消されるかもしれない。もちろん場合によっては、解消されずに残されるかもしれない。最近になって多く語られている「統合ミッション」とは、あえて本来の意味で言うならば、現地社会と国際社会の「統合」を前提にしたミッションでなくてはならない。根源的な「統合」がなされることなくしては、平和主義の内容も分裂的なものになってしまうのである。

5—現代国際社会における平和の意義

国際社会は、これまで常に平和の問題を扱ってきた。平和ほど、国際社会が一貫して追い求めてきた価値規範は他にないだろう。しかし実際にはその追求方法の力点は、時代によって変わってきている。今後も同様に国際社会の変容に応じて、平和の追求方法も変わっていくだろう。

しかしそれにもかかわらず、国際社会が平和の価値を追求すること自体を放棄することが起こりうるとは思えない。むしろ様々なイデオロギーや、政治的立場に応じて、平和の価値は多様に解釈され、主張される。場合によっては、平和の価値の争奪戦のような光景が繰り広げられることさえある。それは平和が、多様な解釈を許す曖昧さと同時に、極めて重要な重たい意味を内包した価値であるからだろう。

平和は、社会秩序の基盤を形成する価値規範であり、それなくしてはいかなる他の価値の追求も困難になるような価値規範である。平和は、多様な様相を見せ、変化を続けながら、しかし国際社会における不可欠な価値規範として、機能し続けていく。人間は戦争を繰り返し、社会的・経済的問題を次々と作り出し、平和を脅かし続けてきた。しかしわれわれは、人間は平和なくしては生きていくことができない、ということを、すぐに思い出す。したがってどれほど曖昧であっても、どれほど達成困難であっても、われわれは平和を一つの大きな目的として掲げ、平和に向かって一歩一歩すすんでいこうとするのである。

国際社会の秩序を基礎付ける価値規範である平和の概念が、驚くほどに曖昧であるのは、大きな問題であるかもしれない。国際社会は、より明確に規定できる概念によって形づくられるべきであるかもしれない。

しかし国際社会は幸運である。なぜなら国際社会は、平和という、決して人々が捨て去ることのない価値規範を、その存立基盤としているからである。人々が平和を求め続ける限り、国際社会の秩序を形作る価値規範の基盤がなくなることはない。それは、国際社会の安定的な秩序を求める者にとっては、間違いなく祝福すべき状態なのである。

おわりに

ここまで本書は、国際社会の秩序について、その中心的な価値規範に着目することによって、論じてきた。もちろん本書で提示された議論が、国際社会の秩序の全てを明らかにするわけではない。あくまでも主要な価値規範にしたがって確認することができる大きな国際社会の秩序の仕組みを分析することが、本書の試みであった。しかしわずかばかりであったとしても、多様で奥行きのある価値規範の上に成り立つ国際社会の秩序の姿を追い求めることができていたとすれば、とりあえず本書はその役割を果たしたことになる。

本書は既存の国際関係学の書物とは異なる性格を持っているものであったかもしれない。まず価値規範に着目するということ自体が、往々にして議論の際に前提とされている無機質な国際社会のイメージからすれば、珍しいことであったかもしれない。また本書は、国内社会と国際社会が接合しあう領域を論じることに、躊躇をしなかった。なぜなら、たとえ国際社会が一つの別個な存在だとしても、現実には個々の国内社会との間で密接な相互連動をしているからであり、その相互連動を捉えることなくしては、国際社会の価値規範構造を明らかにすることはできないからであった。

国際社会は今後も、これまで培ってきた価値規範を発展させ、さらに新しい価値規範の要素を取り込みながら、変容を続けていくだろう。それは国際社会が、無数の生きる人間たちによって構成されている社会である以上、当然であり、必然的である。

むしろわれわれが心がけなければならないのは、何らかの固定的なイメージを持って国際社会を見続けることを、慎重に拒絶することである。国際社会は、理想の世界共同体に向かう歴史法則をたどっているわけではなく、永遠に国家間の権力闘争だけの無機質な世界であり続けるわけでもない。あたかも国際社会に何らかの不変の法則が本質的に埋め込まれているかのように考えるとすれば、それは現実の国際社会から目をそむけることに等しい。

本書は、国際社会には秩序があるという視点から、議論を始めた。なぜなら国際社会に生きる人間たちが、幾つかの共有する価値規範を持って、国際社会を動かしているからである。本書は、それがどこに向かっていくのか、それが権力闘争だけの国際政治観とどう関係していくのかについて、詳述しなかった。なぜなら、本書の目的は、あくまでも現実に存在する国際社会の価値規範構造を探究し、それによって国際社会の秩序の仕組みを分析することだったからである。

本書は二一世紀初頭の現代国際社会に焦点をあてた書物であり、その限りにおいて、同時代的あるいは歴史的な価値を持ちうる。本書は国際社会が持つ永遠不変の法則について扱った書物ではなく、いずれ時代に取り残されてしまうに違いない宿命を持った書物である。しかしそれは、何ら驚くべきことではない。むしろ本書は、そのような前提に立つことを議論の出発点とした。なぜなら、そのような前提に立ってはじめて、われわれは変容する国際社会の秩序を、慎重に見極めていくことができるからである。

本書がたどりつくことができる結論があるとすれば、それは次のようなものであろう。われわれが生きるこの国際社会には、秩序がある。その秩序の仕組みは、幾つかの秩序構成価値規範を見ることによって、描き出すことができる。しかしその仕組みとは、常に変化しているようなものであり、描き出した瞬間に姿を変えてしまうようなものである。だがそれにもかかわらず、否、それだからこそ、われわれは国際社会の秩序というものに、時には思いを寄せてみるべきである。なぜならわれわれは、その変容する国際社会の秩序の中で、生きており、今後も生き続けていくからである。

参考文献

欧　文

Alderson, Kai, and Andrew Hurrell, eds. 2000. *Hedley Bull on International Society*. London : Macmillan.

Anderson, Benedict. [1983] 1991. *Imagined Communities : Reflections on the Origin and Spread of Nationalism*, revised edition. London and New York : Verso. [ベネディクト・アンダーソン（白石さや・白石隆訳）。一九九七。『想像の共同体――ナショナリズムの起源と流行（増補版）』ＮＴＴ出版。]

Anderson, M. S. 1970. "Eighteenth-Century Theories of the Balance of Power." In Ragnhild Hatton and M. S. Anderson, eds. *Studies in Diplomatic History : Essays in Memory of David Bayne Horn*. Harlow : Longmans.

Annan, Kofi A. 2001. "Cyril Foster Lecture, 'Why Democracy Is an International Issue,' by Secretary-General Kofi Annan." June 19, 2001 ‹http://www.un.org/News/ossg/sg/stories/statments_search_full.asp? statID=11›.

——. 2005. *In Larger Freedom : Towards Development, Security and Human Rights for All : Report of the Secretary-General*. New York : United Nations.

Beigbeder, Yves. 1994. *International Monitoring of Plebiscites, Referenda and National Elections : Self-determination and Transition to Democracy*. Dordrecht : Martinus Nijhoff Publishers.

Bentham, Jeremy. [1780] 1970. *An Introduction to the Principles of Morals and Legislation*, edited by J. H. Burns and H. L. Hart. London : The Athlone Press. [ベンサム（山下重一訳）。一九七九。「道徳および立法の諸原理序」関嘉彦責任編集『世界の名著49　ベンサム　Ｊ・Ｓ・ミル』中公バックス。]

Blackstone, William. [1765-1769] 1973. *The Sovereignty of the Law : Selections from Blackstone's Commentaries of the Laws of England*, edited by Gareth Jones. London and Basingstoke : The Macmillan Press.

Bluntschli, Johann C. 1852. *Allgemeines Staatsrecht.* München: Verlag der literarisch-artistischen Anstalt.

——. 1886. *Allgemeine Staatslehre,* sechste Auflage. Stuttgart: Verlag der J. G. Cotta'schen Buchhandlung.

Bodin, Jean. 1992. *On Sovereignty: Four Chapters from The Six Books of the Commonwealth,* edited and translated by Julian H. Franklin. Cambridge: Cambridge University Press.

Boutros-Ghali, Boutros. 1992. *An Agenda for Peace: Preventive Diplomacy, Peacemaking and Peace-keeping – Report of the Secretary-General Pursuant to the Statement Adopted by the Summit Meeting of the Security Council on 31 January 1992.* UN Document, A/47/277-S/24111, June 17.

——. 1995. *Supplement to An Agenda for Peace* (Position Paper of the Secretary-General on the Occasion of the Fiftieth Anniversary of the United Nations). UN Document A/50/60-S/1995/1, January 3.

——. 1996. *An Agenda for Democratization.* New York: United Nations.

Brown, Chris. 1997. "Human Rights." In John Baylis and Steve Smith, eds. *The Globalization of World Politics: An Introduction to International Relations.* Oxford: Oxford University Press.

Bull, Hedley. 1977. *The Anarchical Society: A Study of Order in World Politics.* London: Macmillan. 〔ヘドリー・ブル（臼杵英一訳）。二〇〇〇。『国際社会論——アナーキカル・ソサイエティ』岩波書店。〕

——. 1984. "Justice in International Relations: The 1983 Hagey Lectures." In Alderson and Hurrell, eds. 2000. *Hedley Bull on International Society.* London: Macmillan.

Bull, Hedley, and Adam Watson, eds. 1984. *The Expansion of International Society.* Oxford: Oxford University Press.

Buzan, Barry, and Richard Little. 2000. *International Systems in World History: Remaking the Study of International Relations.* Oxford: Oxford University Press.

Byers, Michael, and Simon Chesterman. 2000. "'You, the People': Pro-democratic Intervention in International Law." In Gregory H. Fox and Brad R. Roth, eds. *Democratic Governance and International Law.* Cambridge

University Press.

Carr, E. H. [1939] 1991. *The Twenty Years' Crisis 1919-1939.* London : Macmillan. [E・H・カー（井上茂訳）。一九九六。『危機の二十年　一九一九—一九三九』岩波文庫。]

Commission on Human Security. 2003. *Human Security Now.* New York : Commission on Human Security.

Dahl, Robert A. 1998. *On Democracy.* New Haven : Yale University Press. [R・A・ダール（中村孝文訳）。二〇〇一。『デモクラシーとは何か』岩波書店。]

Deng, Francis M., Sadikiel Kimaro, Terrence Lyons, Donald Rothchild, and I. William Zartman. 1996. *Sovereignty as Responsibility : Conflict Management in Africa.* Washington, D.C. : The Brookings Institution.

Dickinson, Edwin Eewitt. 1920. *The Equality of States in International Law.* Cambridge : Harvard University Press.

Dickinson, G. Lowes. 1926. *The International Anarchy, 1904-1914.* London : Allen & Unwin.

Dougherty, James E., and Robert L. Pfaltzgraff, Jr. 1997. *Contending Theories of International Relations : A Comprehensive Survey,* fourth edition. New York : Addison Wesley Longman.

Dunne, Tim. 1998. *Inventing International Society : A History of the English School.* London : Macmillan.

Falk, Richard. 1959. "International Jurisdiction : Horizontal and Vertical Conceptions of Legal Order." *Temple Law Quarterly* XXXII (Spring) : 295-320.

Forum on China-Africa Cooperation. 2006. "Declaration of the Beijing Summit of the Forum on China-Africa Cooperation" ‹http://www.fmprc.gov.cn/zflt/eng/zxxx/t280370.htm›.

Franklin, Julian H. 1978. *John Locke and the Theory of Sovereignty : Mixed Monarchy and the Right of Resistance in the Political Thought of the English Revolution.* Cambridge : Cambridge University Press.

Fukuyama, Francis. 1992. *The End of History and the Last Man.* New York : Free Press. [フランシス・フクヤマ（渡部昇一訳・特別解説）。二〇〇五。『歴史の終わり（新装新版）』三笠書房。]

Geis, Anna, Lothar Brock, and Herald Müller, eds. 2006. *Democratic Wars : Looking at the Dark Side of Democratic Peace.* Houndmills and New York : Palgrave Macmillan.

Gellner, Ernest. 1983. *Nations and Nationalism.* Oxford : Blackwell. [アーネスト・ゲルナー（加藤節監訳）。二〇〇〇。『民族とナショナリズム』岩波書店。]

Gilpin, Robert. 1981. *War and Change in World Politics.* Cambridge : Cambridge University Press.

Gong, Gerrit W. 1984. *The Standard of "Civilization" in International Society.* Oxford : Clarendon Press.

Grotius, Hugo. [1625] 1964. *De jure belli ac pacis libri tres,* translated by Francis W. Kelsey. New York : Oceana Publications. [グローチウス（一又正雄訳）。一九八九。『グローチウス戦争と平和の法（復刻版）』酒井書店。]

Hegel, G. W. F. [1821] 1991. *Elements of the Philosophy of Right,* translated by H. B. Nisbet. Cambridge : Cambridge University Press. [ヘーゲル（藤野渉・赤沢正敏訳）。二〇〇一。『法の哲学』中公クラシックス。]

Hickman, Martin B. 1983. "Double Majesty : Madison's Middle Ground." In Dalmas H. Nelson and Richard L. Sklar, eds. *Toward a Humanistic Science of Politics.* Lanham, MD : University Press of America.

Hinsley, F. H. 1963. *Power and the Pursuit of Peace : Theory and Practice in the History of Relations between States.* Cambridge : Cambridge University Press.

Hobbes, Thomas. [1651] 1985. *Leviathan.* London : Penguin Books. [ホッブズ（水田洋訳）。一九八二－一九九二。『リヴァイアサン（改訳版）』岩波文庫。]

Huntington, Samuel P. 1991. *The Third Wave : Democratization in the Late Twentieth Century.* Norman : University of Oklahoma Press. [S・P・ハンチントン（坪郷實・中道寿一・藪野祐三訳）。一九九五。『第三の波――二〇世紀後半の民主化』三嶺書房。]

Hutchinson, John, and Anthony D. Smith, eds. 1994. *Nationalism.* Oxford : Oxford University Press.

Ikenberry, G. John. 2001. *After Victory : Institutions, Strategic Restraint, and the Rebuilding of Order after Major Wars.* Princeton : Princeton University Press. [G・ジョン・アイケンベリー（鈴木康雄訳）。二〇〇四。『アフター・ヴィクトリー――戦後構築の論理と行動』NT

T出版。〕

Inayatullah, Naeem, and David L. Blaney. 1995. "Realizing Sovereignty." *Review of International Studies* 21, no.: 3-20.

The International Commission on Intervention and State Sovereignty. 2001. *The Responsibility to Protect*. Ottawa: International Development Research Centre.

Jackson, Robert H. 1990. *Quasi-States: Sovereignty, International Relations and the Third World*. Cambridge: Cambridge University Press.

James, Alan. 1986. *Sovereign Statehood: The Basis of International Society*. London: Allen & Unwin.

Kaldor, Mary. 1999. *New and Old Wars: Organized Violence in a Global Era*. Stanford: Stanford University Press. 〔メアリー・カルドー（山本武彦・渡部正樹訳）。二〇〇三。『新戦争論――グローバル時代の組織的暴力』岩波書店。〕

Kaplan, Morton A. 1957. *System and Process in International Politics*. New York: John Wiley.

Kelsen, Hans. 1944. *Peace through Law*. Chapel Hill: The University of North Carolina Press.

Kissinger, Henry A. 1957. *A World Restored: Metternich, Castlereagh, and the Problems of Peace, 1812-22*. London: Weidenfeld and Nicolson. 〔ヘンリー・キッシンジャー（伊藤幸雄訳）。一九七六。『回復された世界平和』原書房。〕

Klein, Robert A. 1974. *Sovereign Equality among States: The History of an Idea*. Toronto: The University of Toronto Press.

Kramnick, Issac. 1987. "Editor's Introduction." In James Madison, Alexander Hamilton, and John Jay. *The Federalist Papers*. London: Penguin Books.

Krasner, Stephen D., ed. 1983. *International Regimes*. Ithaca: Cornell University Press.

——. 1993. "Westphalia and All That." In Judith Goldstein and Robert O. Keohane, eds. *Ideas and Foreign Policy: Beliefs, Institutions, and Political Change*. Ithaca: Cornell University Press.

——. 1999. *Sovereignty: Organized Hypocrisy*. Princeton: Princeton University Press.

Lewis, Ewart. 1974. *Medieval Political Ideas.* New York : Cooper Square Publishers, Inc.

Locke, John. [1689] 1967. *Two Treatises of Government.* Cambridge : Cambridge University Press. [ロック（鵜飼信成訳）。一九六八。『市民政府論』岩波文庫。]

Lorimer, James. 1872. *The Institutes of Law : A Treatise of the Principles of Jurisprudence as Determined by Nature.* Edinburgh : T & T Clark.

Luard, Evan. 1990. *International Society.* London : Macmillan.

Madison, James, Alexander Hamilton, and John Jay. [1788] 1987. *The Federalist Papers.* London : Penguin Books. [A・ハミルトン、J・ジェイ、J・マディソン（齋藤眞・武則忠見訳）。一九九八。『ザ・フェデラリスト（新装版）』福村出版。]

Manning, C. A. W. 1962. *The Nature of International Society.* New York : John Wiley & Sons.

Manning, William O. 1875. *Commentaries on the Law of Nations,* revised by Sheldon Amos. London : Law Publisher.

Merriam, Charles E. 1900. *History of the Theory of Sovereignty since Rousseau.* New York : The Columbia University Press.

Mitrany, David. 1943. *A Working Peace System : An Argument for the Functional Development of International Organization.* London : The Royal Institute of International Affairs.

Morgenthau, Hans J. [1948] 1985. *Politics among Nations : The Struggle for Power and Peace,* Sixth Edition, revised by Kenneth W. Thompson. New York : McGrow-Hill, Inc. [ハンス・J・モーゲンソー（現代平和研究会訳）。一九九八。『国際政治――権力と平和（新装版）』福村出版。]

N. A. 1852. *The Constitution of the Several States of the Union and United States, including the Declaration of Independence and Articles of Confederation.* New York : A. S. Barnes & Co.

Oppenheim, Lassa Francis Lawrence. 1905. *International Law : A Treatise, vol. 1, Peace.* London : Longmans, Green, and Co.

Penn, William. [1693] 1915. *An Essay towards the Present and Future Peace of Europe: By the Establishment of an European Dyet, Parliament, or States.* Gloucester: John Bellows.

Phillimore, Robert. 1854. *Commentaries upon International Law.* Philadelphia: T. & J. W. Johnson, Law Booksellers.

Riesman, W. Michael. 2000. "Sovereignty and Human Rights in Contemporary International Law." In Gregory H. Fox and Brad R. Roth, eds. *Democratic Governance and International Law.* Cambridge University Press.

Rousseau, Jean-Jacques. [1762] 1968. *The Social Contract and Discourses,* translated by G. D. H. Cole. London: Everyman's Library. [ルソー（桑原武夫・前川貞次郎訳）。一九五四。『社会契約論』岩波文庫。]

Russett, Bruce. 1993. *Grasping the Democratic Peace: Principles for a Post-Cold War World.* Princeton, N. J.: Princeton University Press. [ブルース・ラセット（鴨武彦訳）。一九九六。『パクス・デモクラティア――冷戦後世界への原理』東京大学出版会。]

Saint-Pierre, Charles (Castel) de, Jean-Jacques Rousseau, and Jeremy Bentham. 1974. *Peace Projects of the Eighteenth Century.* New York: Garland Pub.

Secretary-General's High-level Panel on Threats, Challenges and Change. 2004. *A More Secure World: Our Shared Responsibility: Report of the Secretary-General's High-level Panel on Threats, Challenges and Change.* New York: United Nations (UN Document A/59/565).

Shinoda, Hideaki. 2000. *Re-examining Sovereignty: From Classical Theory to the Global Age.* London: Macmillan.

Shinoda, Hideaki, and Ho-Won Jeong, eds. 2004. *Conflict and Human Security: A Search for New Approaches of Peace-building.* Hiroshima: Institute for Peace Science, Hiroshima University.

Singer, J. David. 1960. "International Conflict: Three Levels of Analysis." *World Politics* 12, no. 3: 453-461.

——. 1961. "The Level of Analysis Problem in International Relations." In Klaus Eugen Knorr and Sidney Verba, eds. *The International System: Theoretical Essays.* Princeton, N. J.: Princeton University Press.

Spencer, Herbert. 1868. *Social Statics; or the Conditions*

Essential to Human Happiness Specified and the First of Them Developed. London : Williams and Norgate.

Strange, Susan. 1996. *The Retreat of the State : The Diffusion of Power in the World Economy*. Cambridge : Cambridge University Press. [スーザン・ストレンジ（櫻井公人訳）。一九九八。『国家の退場——グローバル経済の新しい主役たち』岩波書店。]

Suganami, Hidemi. 1989. *The Domestic Analogy and World Order Proposals*. Cambridge : Cambridge University Press. [H・スガナミ（臼杵英一訳）。一九九四。『国際社会論——国内類推と世界秩序構想』信山社。]

Temple, William. [1673] 1972. *Observations upon the United Provinces of the Netherlands*. Oxford : The Clarendon Press.

Treitschke, Heinrich von. [1897-1898] 1916. *Politics*, vol. I, II, translated by Arthur James Balfour. London : Constable and Company.

UNAIDS (Joint United Nations Programme on HIV and AIDS). 2006. "Overview of the Global AIDS Epidemic." ‹http://data.unaids.org/pub/GlobalReport/2006/2006_GR_CH02_en.pdf›.

United Nations. 1992. "Statement by the President of the Security Council." UN Document, S/23500, January 31.

——. 1994. "Report of the Secretary-General : Human Rights Questions including Alternative Approaches for Improving the Effective Enjoyment of Human Rights and Fundamental Freedoms : Enhancing the Effectiveness of the Principle of Periodic and Genuine Elections." UN Document, A/49/675.

——. 1995. "Report of the Secretary-General : Human Rights Questions including Alternative Approaches for Improving the Effective Enjoyment of Human Rights and Fundamental Freedoms - Enhancing the Effectiveness of the Principle of Periodic and Genuine Elections." UN Document, A/50/736.

——. 2000. "Report of the Panel on United Nations Peace Operations." UN Document, A/55/305-S/2000/809, August 21.

Vattel, Éméric de. [1758] 1995. *The Law of Nations or the Principles of Natural Law applied to the Conduct and to the*

Affairs of Nations and Sovereigns, Vol. 3, translated by Charles G. Fenwick. Buffalo, N.Y. : William S. Hein & Co.

Väyrynen, Raimo, ed. 1999. *Globalization and Global Governance*. Lanham : Rowman & Littlefield.

Vincent, R. J. 1974. *Nonintervention and International Order*. Princeton : Princeton University Press.

——. 1986. *Human Rights and International Relations*. Cambridge : Cambridge University Press.

——. 1990. "Order in International Relations." In J. D. B Miller and R. J. Vincent, eds. 1990. *Order and Violence : Hedley Bull and International Relations*. Oxford : Oxford University Press.

Walt, Stephen M. 1987. *The Origins of Alliances*. Ithaca, N. Y. : Cornell University Press.

Waltz, Kenneth. 1959. *Man, the State, and War : A Theoretical Analysis*. New York : Columbia University Press.

——. 1979. *Theory of International Politics*. Reading, Mass. : Addison-Wesley.

Watson, Adam. 1992. *The Evolution of International Society : A Comparative Historical Analysis*. London : Routledge.

Weber, Cynthia. 1995. *Simulating Sovereignty : Intervention, the State, and Symbolic Exchange*. Cambridge : Cambridge University Press.

Weiss, Thomas G., and Leon Gordenker. 1996. *NGOs, the UN, and Global Governance*. Boulder : Lynne Rienner Publishers.

Wendt, Alexander. 1999. *Social Theory of International Politics*. Cambridge : Cambridge University Press.

Wheaton, Henry. 1836. *Elements of International Law*, vol. 1. London : B. Fellowes.

Wheeler, Nicholas. 1992. "Pluralist or Solidarist Conceptions of International Society : Bull and Vincent on Humanitarian Intervention." *Millennium* 21, no. 3 : 463-487.

The White House : President George W. Bush. 2006. "President Bush Addresses American Legion National Convention, Salt Palace Convention Center, Salt Lake City, Utah." For Immediate Release, Office of the Press Secretary, August 31.‹http://www.whitehouse.gov/news/

releases/2006/08/20060831-1.html›.
Wight, Martin. 1966. "Why Is There No International Theory?" In Herbert Butterfield and Martin Wight, eds. *Diplomatic Investigations: Essays in the Theory of International Politics*. London: Allen and Unwin.
——. 1979. *Power Politics*, second edition, edited by Hedley Bull and Carsten Holbraad. Harmondsworth: Royal Institute of International Affairs.
——. 1991. *International Theory: The Three Traditions*. Leicester: Leicester University Press for the Royal Institute of International Affairs. 〔マーティン・ワイト（佐藤誠・安藤次男・龍澤邦彦・大中真・佐藤千鶴子訳）。二〇〇七。『国際理論――三つの伝統』日本経済評論社。〕
Wilks, Michael. 1961. *The Problem of Sovereignty in the Later Middle Ages: The Papal Monarchy with Augustinus Triumphus and Publicists*. Cambridge: Cambridge University Press.
Wilson, Woodrow. 1908. *Constitutional Government in the United States*. New York: Columbia University Press.
Yamashita, Hikaru. 2004. *Humanitarian Space and International Politics: The Creation of Safe Areas*. Aldershot: Ashgate.
Zimmern, Alfred. 1936. *The League of Nations and the Rule of Law, 1918-1935*. London: Macmillan.

和　文

アリストテレス（山本光雄訳）。一九六一。『政治学』岩波文庫。

アンダーソン、メアリー・B（大平剛訳）。二〇〇六。『諸刃の援助――紛争地での援助の二面性』明石書店。

石井摩耶子。一九九九。「貧困からの脱却と発展への道」木畑洋一他編『〈南〉から見た世界06　グローバリゼーション下の苦闘』大月書店。

ヴェーバー、マックス（脇圭平訳）。一九八〇。『職業としての政治』岩波文庫。

エドワーズ、マイケル（CSOネットワーク・杉原ひろみ企画・監修、杉原ひろみ・畑島宏之・鈴木恵子・粒良麻知子訳）。二〇〇六。『フューチャー・ポジティブ――開発援助の大転換』日本評論社。

エラスムス（箕輪三郎訳）。一九六一。『平和の訴え』岩波文庫。

大串和雄。一九九九。「世紀転換点のラテンアメリカ政治」木畑洋一他編『〈南〉から見た世界06　グローバリゼーション下の苦闘』大月書店。

大沼保昭。一九九一。「国際法学の国内モデル思考——その起源、根拠そして問題性」広部和也・田中忠編集代表『国際法と国内法——国際公益の展開』勁草書房。

——編。一九九五。『戦争と平和の法——フーゴー・グロティウスにおける戦争、平和、正義（補正版）』東信堂。

——。一九九八。『人権、国家、文明——普遍主義的人権観から文際的人権観へ』筑摩書房。

——編集代表。二〇〇七。『国際条約集』有斐閣。

小川芳彦。一九八五。「国際社会とユス・コーゲンス」浦野起央・牧田幸人編『現代国際社会の法と政治』北樹出版。

小倉充夫。二〇〇二。「総論　国際社会学序説——現代世界と社会学の課題」小倉充夫・加納弘勝編『講座社会学16　国際社会』東京大学出版会。

ガルトゥング、ヨハン（高柳先男・塩屋保・酒井由美子訳）。一九九一。『構造的暴力と平和』中央大学出版部。

ガンディー、マハトマ（森本達雄訳）。一九九七。『わたしの非暴力』みすず書房。

カント（宇都宮芳明訳）。一九八五。『永遠平和のために』岩波文庫。

北川勝彦。一九九九。「アフリカの世界を考える——国民国家の矛盾を超えて共生の新世紀へ」木畑洋一他編『〈南〉から見た世界03　アフリカ』大月書店。

来栖薫子。一九九八。「人間の安全保障」『国際政治』第一一七号（安全保障の理論と政策）。

香西茂。一九九一。『国連の平和維持活動』有斐閣。

国連開発計画（UNDP）。一九九四。『人間開発報告書一九九四　日本語版』国際協力出版会。

サン＝シモン（森博訳）。二〇〇一。『産業者の教理問答』岩波文庫。

篠田英朗。一九九九。「国家主権概念をめぐる近代性の問題——政治的概念の『エピステーメー』の探求」広島大学総合科学部紀要Ⅱ『社会文化研究』第二五巻。

——。二〇〇〇a。「国家主権概念の変容——立憲主義

的思考の国際関係理論における意味」『国際政治』第一二四号（国際政治理論の再構築）。

――。二〇〇〇b。「国際政治学における主権、現実主義、そしてウェストファリア――カー、モーゲンソー、ブル、ウォルツに焦点をあてて」広島大学総合科学部紀要II『社会文化研究』第二六巻。

――。二〇〇一。「国際規範の歴史的・理論的検討――秩序・正義そして国家主権」『平和研究』第二六号（新世紀の平和研究）。

――。二〇〇二。「主権、人権、そして立憲主義の限界点――抵抗権および介入権の歴史的・理論的考察」『年報政治学 二〇〇一』。

――。二〇〇三a。『平和構築と法の支配――国際平和活動の理論的・機能的分析』創文社。

――。二〇〇三b。「平和」押村高・添谷育志編『アクセス政治哲学』日本経済評論社。

――。二〇〇三c。「国際関係論における国家主権概念の再検討――両大戦間期の法の支配の思潮と政治的現実主義の登場」『思想』第九四五号（特集「帝国・戦争・平和」）。

――。二〇〇三d。「『新介入主義』の正統性――NATOによるユーゴスラビア空爆を中心に」広島市立大学広島平和研究所編『人道危機と国際介入――平和回復の処方箋』有信堂。

――。二〇〇四a。「安全保障概念の多義化と人間の安全保障」広島大学平和科学研究センター編『人間の安全保障論の再検討』広島大学平和科学研究センター。

――。二〇〇四b。「米国による紛争後の国家再建――軍事力のジレンマと理念主義のジレンマ」『現代思想』二〇〇四年九月号。

――。二〇〇四c。「国際平和活動における『法の支配』の確立――ボスニア＝ヘルツェゴビナを事例にして」『広島平和科学』第二六号。

――。二〇〇七a。「国際秩序と国内秩序の共時性――価値規範をめぐる社会秩序構想モデルの歴史的分析」『国際政治』第一四七号。

――。二〇〇七b。「国連平和構築委員会の設立――新しい国際社会像をめぐる葛藤」『国際法外交雑誌』第一〇五巻第四号。

篠田英朗・上杉勇司編。二〇〇五。『紛争と人間の安全

保障――新しい平和構築のアプローチを求めて』国際書院。

シュミット、カール（長尾龍一訳）。一九七二。『現代帝国主義論』福村出版。

白井早由里。二〇〇五。『マクロ開発経済学――対外援助の新潮流』有斐閣。

末廣昭。一九九四。「アジア開発独裁論」中兼和津次編『講座現代アジア2　近代化と構造変動』東京大学出版会。

鈴木茂。一九九九。「語り始めた『人種』――ラテンアメリカ社会と人種概念」木畑洋一他編『〈南〉から見た世界05　ラテンアメリカ』大月書店。

世界銀行編（田村勝省訳）。二〇〇四。『戦乱下の開発政策』シュプリンガー・フェアラーク東京。

セン、アマルティア（石塚雅彦訳）。二〇〇〇。『自由と経済開発』日本経済新聞社。

高木八尺・末延三次・宮沢俊義編。一九五七。『人権宣言集』岩波文庫。

高田和夫。一九九九。「〈南〉の世界における平和と開発」木畑洋一他編『〈南〉から見た世界06　グローバリゼーション下の苦闘』大月書店。

谷洋之。一九九九。「グローバル化する経済とラテンアメリカ社会――新自由主義の光と陰」木畑洋一他編『〈南〉から見た世界06　グローバリゼーション下の苦闘』大月書店。

ダンテ（中山昌樹訳）。一九九五。『復刻版　帝政論：書翰集（ダンテ全集第八巻）』日本図書センター。

千葉眞。一九九五。「アクィナス――徳の政治と共通善」藤原保信・飯島昇藏編『西洋政治思想史Ⅰ』新評論。

土山實男。一九九八。「序章　安全保障の終焉？――不安と安全の政治学」『国際政治』第一一七号（安全保障の理論と政策）。

寺谷広司。二〇〇二。「国際人権の立憲性――国際人権諸条約におけるデロゲートできない権利を視角として」『国際法外交雑誌』第一〇〇巻第六号。

――。二〇〇三。『国際人権の逸脱不可能性――緊急事態が照らす法・国家・個人』有斐閣。

中嶋啓雄。二〇〇二。『モンロー・ドクトリンとアメリカ外交の基盤』ミネルヴァ書房。

中村好寿。二〇〇一。『軍事革命（ＲＭＡ）――〈情報〉

が戦争を変える』中公新書。

人間の安全保障委員会。二〇〇三。『安全保障の今日的課題——人間の安全保障委員会報告書』朝日新聞社。

藤田久一。一九九二。『国際法講義Ⅰ　国家・国際社会』東京大学出版会。

——。一九九四。『国際法講義Ⅱ　人権・平和』東京大学出版会。

——。一九九五。『戦争犯罪とは何か』岩波新書。

藤本義彦。一九九九。「アフリカにおける民主化と市民社会」木畑洋一他編『〈南〉から見た世界03　アフリカ』大月書店。

プラトン（久保勉訳）。一九六四。『ソクラテスの弁明・クリトン』岩波文庫。

フリードマン、ジョン（斉藤千宏・雨森孝悦監訳）。一九九五。『市民・政府・NGO——「力の剝奪」からエンパワーメントへ』新評論。

古田元夫。一九九九。「東南アジア——二一世紀への展望」木畑洋一他編『〈南〉から見た世界02　東南アジア・南アジア——地域自立への模索と葛藤』大月書店。

ブルトゥス、ステファヌス・ユニウス（城戸由紀子訳）。一九九八。『僭主に対するウィンディキアエ——神、公共的国家、人民全体それぞれの権利の回復を僭主に抗して請求する』東信堂。

プルードン、ピエール＝ジョゼフ（山本光久訳）。二〇〇三。『革命家の告白——二月革命史のために』作品社。

ペイン、トマス（西川正身訳）。一九七一。『人間の権利』岩波文庫。

松尾雅嗣。二〇〇四。「平和と安全保障」広島大学平和科学研究センター編『人間の安全保障論の再検討』広島大学平和科学研究センター。

松本博一。一九九二。『国際関係思想史研究』三省堂。

マルクス・エンゲルス（大内兵衛・向坂逸郎訳）。一九五一。『共産党宣言』岩波文庫。

宮城大蔵。二〇〇四。『戦後アジア秩序の模索と日本——「海のアジア」の戦後史　一九五七〜一九六六』創文社。

ミル、J・S（塩尻公明・木村健康訳）。一九七一。『自由論』岩波文庫。

——（水田洋訳）。一九九七。『代議制統治論』岩波文庫。

モア、トマス（平井正穂訳）。一九五七。『ユートピア』岩波文庫。

最上敏樹。一九九六。『国際機構論』東京大学出版会。

望月康恵。二〇〇三。『人道的干渉の法理論』国際書院。

モンテスキュー（野田良之他訳）。一九八九。『法の精神』岩波文庫。

山岸義夫。一九九五。『アメリカ膨張主義の展開――マニフェスト・デスティニーと大陸帝国』勁草書房。

渡部茂己。一九九四。『国際機構の機能と組織――新しい世界秩序を構築するために』国際書院。

あとがき

私は、「平和構築」活動を専門にしている研究者である。その私が本書のような国際社会論を執筆するのは、あるいは奇妙に見えることかもしれない。しかしこの私も政治理論や国際関係理論について幾つかの論文を書いてきたし、そもそも国際関係学の学位（Ph・D）も「国家主権概念の歴史」についての論文で取得した。今でも国際社会における思想的な問題に、少なからぬ関心を持ち続けている。こうした背景は、私が「平和構築」研究者であることと、何ら乖離したものではない。国際社会の理論を全く考慮せず、地域紛争の平和構築を分析することは、実はあってはならないことである。国際社会論と平和構築論の接合性は、私がかねてより持論としてきたことであった。

ただその私にとっても、本書を完成させる作業は、結果としては、簡単なことではなかった。本書の構想は比較的早く固まり、書きたいものも自分ではよく見えているつもりだった。しかし平和構築の現場である紛争後国で調査を行い、現在進行形の平和構築に関する研究や政策提言などに忙殺されている人間が、本書の作業をまとめあげる環境を作ることは、予想した以上に難しいことであった。結果として、シリーズ編者の猪口孝先生をはじめとする他の執筆者の先生方や、東京大学出版会の方々には、言葉では言い表せないご迷惑をおかけすることになった。

東大出版会の奥田修一さんは、締め切りを過ぎてなおアフガニスタンやら、シエラレオネやら、ボスニア＝ヘルツェゴビナやら、コソボやら、東チモールやら、米国での学会やら、スーダンに、何度となく出張していく私を、一貫してあたたかく見守り続けてくれた。心からお詫びするとともに、感謝の意を表したい。本書の完成が、私が奥田さんに課してしまっていた様々な負担を、軽減してくれることを願う。

本書の内容が著者の能力による限界を持っているとしても、しかしそれによって本書が論じようとした問題自体の価値が失われるわけではないことは、強調したい。本書は、国際社会の秩序を、価値規範に着目することによって、描き出した。その視点の重要性は、本書の限界を超えて、今後もさらに別の機会で検討されるべきものである。

本書は、国際社会をめぐる歴史的・思想的問題を明らかにする視点を、強く持っている。しかしそのことは、本書が、現代国際社会の現在進行形の個々の問題と無関係であることを、全く意味しない。私の意図は、むしろ全く逆であった。私が本書において、歴史的な事例や文献への参照を、現代国際社会の事例や文献への参照と、並存させているのは、あくまでも歴史的・思想的な分析が、現代国際社会の分析にとって重要だと思われたからなのである。

私自身の研究対象にひきつけて言うならば、平和構築についての研究が本書に役立っていないわけではなく、また本書が平和構築の研究に全く役立たないわけでもない。むしろ事情は全く逆で、本書が描き出そうとした国際社会の秩序は、平和構築のあり方を考える際に、決して避けては通れない大きな問題として現れてくるはずのものなのである。もちろん本書が扱った国際社会論は、平和構築の範囲を越えて、他の分野の問題と絡み合いつつ、あるいは国際社会論それ自体として、存立すべきものである。著者としては、本書の議論が、様々な学術的研究と関連性を持ち、発展していってくれれば、それほど嬉しいことはないのである。

最後に、本書のみならず、私の仕事を支え続けてくれた家族と、友人たちに、深く感謝の念を表したい。本書の欠陥は全て、私一人に帰するものである。しかし家族と友人たちの支援がなければ、そもそも本書は完成しえなかった。いつの日か、少しずつであっても恩返しができる自分になれることを、夢見ていたい。

二〇〇七年七月

篠田　英朗

人名索引

ア 行

アクィナス(Aquinas, Thomas) 123

アナン(Annan, Kofi A.) 140

アリストテレス(Aristotle) 149

アンダーソン(Anderson, Benedict) 69

ヴァッテル(Vattel, Éméric de) 25, 40, 62

ウィルソン(Wilson, Woodrow) 58, 93-94, 103-104, 210

ウォルツ(Waltz, Kenneth) 119-120

エラスムス(Erasmus, Desiderius) 208

エンゲルス(Engels, Friedrich) 210

カ 行

カー(Carr, E. H.) 43

ガルトゥング(Galtung, Johan) 122, 203

カント(Kant, Immanuel) 89-91, 209

キッシンジャー(Kissinger, Henry A.) 120

クラズナー(Krasner, Stephen D.) 35

グロチウス(Grotius, Hugo) 123, 208

ケネディ(Kennedy, John F.) 217

ゲルナー(Gellner, Ernest) 68-69

サ 行

サン＝シモン(Saint-Simon, Claude Henri de Rouvroy) 210

サン＝ピエール(Saint-Pierre, Bernardin de) 89, 209

シュミット(Schmitt, Carl) 103

セン(Sen, Amartya) 218

ソクラテス(Socrates) 149

タ 行

ダール(Dahl, Robert A.) 159

テンプル(Temple, William) 90

ハ 行

バーク(Burke, Edmund) 23, 182

ハマーショルド(Hammarskjöld, Dag) 225

ハミルトン(Hamilton, Alexander) 97

ピアソン(Pearson, Lester B.) 225

ヒトラー(Hitler, Adolf) 67, 143

ヒューム(Hume, David) 23

ブッシュ(Bush, George W.) 140, 156

ブトロス＝ガリ(Boutros-Ghali, Boutros) 140, 157-160, 226-228

ブラックストン(Blackstone, William) 37

プラトン(Plato) 149

フリードマン (Friedmann, John) 219
ブル (Bull, Hedley) 8-10, 22, 26-27, 45, 120
プルードン (Proudhon, Pierre Joseph) 210
ブルンチュリ (Bluntschli, Johann C.) 65
ペイン (Paine, Thomas) 182-183
ヘーゲル (Hegel, G. W. F.) 64, 151
ペン (Penn, William) 89-90
ベンサム (Bentham, Jeremy) 25, 89
ボダン (Bodin, Jean) 33-34, 36
ホッブズ (Hobbes, Thomas) 12, 33-36, 43-45, 61, 63, 117, 135, 180, 209

マ 行

マジソン (Madison, James) 98
マルクス (Marx, Karl) 210
モア (More, Thomas) 208
モーゲンソー (Morgenthau, Hans J.) 43-44, 91, 119

ラ 行

ルソー (Rousseau, Jean-Jacques) 63-64, 89, 151, 209
ルナン (Renan, Ernest) 66
ローズベルト (Roosevelt, Franklin D.) 31
ロック (Locke, John) 36-38, 45, 63, 135, 180-181, 190, 209
ロリマー (Lorimer, James) 92

ワ 行

ワイト (Wight, Martin) 17, 22

事項索引

タ 行

著者略歴

1968年　神奈川県に生まれる．
1993年　早稲田大学大学院政治学研究科修士課程修了．
1998年　ロンドン大学（LSE）国際関係学部博士課程修了，Ph. D.（国際関係学）
現　在　東京外国語大学大学院総合国際学研究院教授．

主要著書

Re-examining Sovereignty: From Classical Theory to the Global Age (Macmillan, 2000〔中国語訳版：商務印書館，2004年〕)
『平和構築と法の支配――国際平和活動の理論的・機能的分析』（創文社，2003年）
『紛争と人間の安全保障――新しい平和構築のアプローチを求めて』（共編，国際書院，2005年）

国際社会の秩序　　シリーズ国際関係論1

2007年9月20日　初　版
2021年1月12日　第2刷

［検印廃止］

著　者　篠田英朗《しのだひであき》

発行所　一般財団法人　東京大学出版会

代表者　吉見俊哉

153-0041　東京都目黒区駒場 4-5-29
http://www.utp.or.jp/
電話 03-6407-1069　Fax 03-6407-1991
振替 00160-6-59964

印刷所　株式会社三陽社
製本所　誠製本株式会社

© 2007 Hideaki Shinoda
ISBN 978-4-13-034251-3　Printed in Japan

JCOPY〈出版者著作権管理機構 委託出版物〉
本書の無断複写は著作権法上での例外を除き禁じられています．複写される場合は，そのつど事前に，出版者著作権管理機構（電話 03-5244-5088，FAX 03-5244-5089，e-mail: info@jcopy.or.jp）の許諾を得てください．

シリーズ国際関係論［全5巻］

猪口孝――［編］

四六判・平均二七二ページ

1 国際社会の秩序　篠田英朗　二五〇〇円

2 平和と安全保障　鈴木基史　二五〇〇円

3 国際政治経済　飯田敬輔　二五〇〇円

4 国家の対外行動　須藤季夫　二五〇〇円

5 国際関係論の系譜　猪口　孝　二五〇〇円

ここに表示された価格は本体価格です．ご購入の際には消費税が加算されますのでご了承ください．